声に出して読む

渋沢栄一「論語と算盤」

Saito Takashi
齋藤 孝

JN151482

悟空出版

はじめに

◆音読することで、心のなかに渋沢精神が刻まれる

一万円札の新しい顔に、「資本主義の父」とも称される明治の実業家・渋沢栄一が選ばれました。

これを一つのきっかけに、多くの方に渋沢の著書『論語と算盤《そろばん》』を読んでいただきたい。それも珠玉の言葉を声に出して読むことで、渋沢の精神とそのパワーの強さ、勢いを体に刻みこんでいただきたい。

そう強く願って、かねてより私の愛読書であり、多くの方におすすめしてきたこの『論語と算盤』を現代のビジネス、生き方に引きつけて解説する本書をお届けします。

提案したいことは二つ。

一つは、「日本人みんなが論語を精神文化として受け継ぎ、共有しましょう」ということ。

渋沢は一八七三（明治六）年に〈私は論語で一生を貫いて見せる〉（『論語と算盤』）

と覚悟を決めて以来、孔子《こうし》の言葉をある種の信仰とし、常に「私」よりも「公」を優先して生きました。

自分の財産を増やすことは二の次で、多くの会社を興すことで実業界ひいては国富の拡充をはかりつつ、フェアな取引のできる社会の構築を目指したのです。それはひとえに、

「国民みんなの幸福に貢献する仕事をしたい。そうして幸福の絶対量を増やしたい」

と本気で考えたから。

逆に言えば、その「志」を遂行するために、論語を自己の中心軸に据《す》えたのです。そういう強い精神文化が基礎にあるからこそ、渋沢は心が安定していたと言えます。論語は日本人に馴染《なじ》みやすい教えですし、精神文化として共有しやすい。

二つ目の提案は、「一人ひとりがビジネスと精神のバランスを整えていきましょう」ということ。

私たちは資本主義社会で生きていますが、みんなが儲《もう》けに走ると弱肉強食化が進み

ます。

加えて近年は、格差社会の広がりが社会問題化しています。このままだと、非常に殺伐とした世の中になってしまう恐れがあります。

「それはダメでしょう？　意識が算盤をはじいてばかりのビジネスに傾かないよう、論語を通して思いやりの精神を養うことが大切ですよ。ビジネスと精神のバランスを整えましょう」

『論語と算盤』を読むと、そんな渋沢の声が聞こえてきます。

幸い、あと数年すると、渋沢の顔がお札《さつ》になって日本中に出回ります。これを機に、お札の向こうで渋沢が熱く語るこの魂の書を活用しようではありませんか。

「学ぶ」は「まねぶ」。渋沢の言葉を音読すると、彼の精神が乗り移ったような感覚になります。そうして心のなかに渋沢が住んでいるように感じていただくと、たとえば何かを判断するとき、「渋沢だったら、どうするか」という視点が持てます。そして、

「決してズルをしてはいけないな」

「自分が得することばかり考えてはいけないな」

「人に対して愛情深く接しなければいけないな」

などと思い、ブレない心で自らの行動を支えていくことができます。

自分の人生をトータルで見たとき、渋沢ならびに論語を判断基準として生き抜くことができれば、間違いなく、

「ズルをせずに真っ正直に、また人を思いやって生きた人生だったな」

と満足して、幸福な気持ちで晩年を迎えられると思います。

◆格差社会に警鐘を鳴らしつづけた「資本主義の父」

さて本編に入る前に、渋沢の人生にざっとふれておきましょう。ある程度時代背景を踏まえて読んでいただいたほうが、渋沢の精神がよりわかりやすいかと思います。

渋沢は一八四〇（天保十一）年二月十三日、武蔵国《むさしのくに》の岡部藩血洗島《ちあらいじま》村（現・埼玉県深谷市血洗島）の農家に生まれました。

その実家は、畑作や藍玉《あいだま》という染料の製造・販売、養蚕《ようさん》などを生業《なりわい》とする豪農。渋沢は幼いころから家業を手伝う一方で、父から学問の手ほどきを受けました。

論語を本格的に学んだのはこのころ。後に富岡製糸場の初代場長になった従兄の尾《お》高惇忠《だかあつただ》が、先生でした。尾高は渋沢が十八歳のときに結婚した嫁の兄でもあります。

実家の商売で才覚を発揮した渋沢ですが、一八六一（文久元）年に江戸に出て海保《かいほ》漁村《ぎょそん》という儒学者の門下生になり、また北辰一刀流《ほくしんいっとうりゅう》の千葉道場に入門したことをきっかけに、勤王《きんのう》志士と交流するようになりました。

当然の成り行きと言うべきか、渋沢はいっとき〈尊王《そんのう》倒幕、攘夷《じょうい》鎖港を論じて東西に奔走していた〉のでした。

ただ渋沢の場合、〝幕府転覆計画〟は断念。それどころか一橋慶喜《ひとつばしよしのぶ》に仕えることになったのです。それは「武士になる！」という本懐を遂げた瞬間でもありました。

一橋家でしだいに頭角を現わした渋沢は二十七歳のとき、十五代将軍となった慶喜の実弟にして後の水戸藩主、徳川昭武《あきたけ》に随行し、パリで開催された万国博覧会を見学するほか、ヨーロッパ諸国の実情を見聞する機会に恵まれました。

そして〈帰朝して見れば幕府は既に亡びて世は王政に変っていた〉とのこと。良い波に乗ったなぁと思います。

帰国後、渋沢はまず慶喜の蟄居《ちっきょ》先の静岡藩に仕え、静岡に「商法会所」を設立。その後、明治政府に請《こ》われて、大蔵省の一員として新しい国づくりに深く関わりました。ところが一八七三（明治六）年、大蔵省を辞し、一民間経済人として活動することを決意したのです。その理由は、「日本はまだ商売が下手。その商売を振《ふる》わせて、国富を増大させなければならない。そのために新しくたくさんの会社を立ちあげなくてはいけない」と考えたからです。

そして第一国立銀行の総監役（後に頭取）に就くや、ここを拠点にして、株式会社組織による企業の創設・育成に注力したのです。その間、渋沢が説きつづけたのは、「道徳経済合一説」——。

これが著書『論語と算盤』につながったことは言うまでもありません。

渋沢が生涯につくった企業は、なんと約五百！

一方で、約六百の教育機関・社会公共事業の支援ならびに民間外交に全力を傾注しました。

一九三一（昭和六）年十一月十一日に九十一歳で亡くなるまで、渋沢栄一は経済を活性化させることで国に富をもたらす実業家であり、国にあまねく仁愛を行き渡らせる篤志家でありつづけたのでした。

渋沢が新しいお札として甦《よみがえ》る今後、私たちは、私利私欲に縛られずに経済興隆に関わった彼の高邁《こうまい》な精神を、真摯《しんし》に受けとめ、積極的に生かしていこうではありませんか。本書がその手助けになれば、これほどうれしいことはありません。

【渋沢栄一略年譜】


1840（天保11）年　0歳　2月13日、武蔵国岡部藩血洗島村（現・埼玉県深谷市血洗島）に生まれる。

1847（弘化4）年　7歳　従兄の尾高惇忠から論語を学ぶ。

1854（安政1）年　14歳　この頃から家業の藍問屋業などに才覚を発揮。

1858（安政5）年　18歳　従妹ちよ（尾高惇忠の妹）と結婚。

1863（文久3）年　23歳　高崎城乗っ取り、横浜焼き討ちを企てるが、計画を中止して京都に出奔。

1864（元治1）年　24歳　一橋慶喜に仕える。

1867（慶応3）年　27歳　徳川昭武（一橋慶喜の実弟）に随行し、パリ万博使節団員としてフランスへ渡航。

1868（明治1）年　28歳　フランスより帰国。静岡で謹慎中の慶喜に面会。

1869（明治2）年　29歳　静岡藩に「商法会所」設立。明治政府に仕え、民部省租税正となる。

1873（明治6）年　33歳　大蔵省を辞め、実業界へ転身。第一国立銀行開業・総監役。

1875（明治8）年　35歳　第一国立銀行頭取。商法講習所（一橋大学の源流）を創立。

1876（明治9）年　36歳　東京会議所会頭。東京府養育院事務長（後に院長）。

1882（明治15）年　42歳　ちよ夫人死去。

1883（明治16）年　43歳　伊藤かねと再婚。

1888（明治21）年　48歳　東京女学館開校・会計監督（後に館長）。

1890（明治23）年　50歳　貴族院議員となる。

1901（明治34）年　61歳　日本女子大学校開校・会計監督（後に校長）。

1916（大正5）年　76歳　第一銀行頭取等を辞め、実業界を引退。

1931（昭和6）年　91歳　11月11日死去。

声に出して読む 渋沢栄一「論語と算盤」

目次

はじめに 1
1 遠くて近いは「論語」と「算盤」 18
2 正しい道理あってこその富 22
3 士魂商才、武士道と商業を論語でつなげる 26
4 人物を見抜くポイント 30
5 論語は案外平易で実用的 34
6 「時」を待て。でも「時」を逃すな 38
7 平等とは能力の適不適を察すること 42
8 不遇のときはひたすら勉強 46

9 自分にとっての「蟹の穴」を見つける 50
10 好調なときこそ気を引き締める 54
11 活字は認知症予防に効くクスリ 58
12 先の心配より、いまやるべきことをやる 62
13 やるのは自分 66
14 何で世の中に貢献できるかをよく考える 70
15 下腹部を鍛錬し勇猛心を養う 74
16 「何が何でも」の気概を持つ 78
17 常識人か否かを「知・仁・勇」でチェック 82

18 発言の良し悪しは「心」しだい 86
19 相手を選ばず人に会う 90
20 習慣と人格は一心同体 94
21 目指すべきは「常識人」 98
22 その親切、「ありがた迷惑」かも 102
23 仁義道徳が築く「win-winの関係」 106
24 行いが道理にかなっていれば富は得られる 110
25 金持ちは社会に恩返しするべし 114
26 よく稼ぎ、よく使え 118

27 「勉強好き」は日本人のアイデンティティ 122
28 趣味のように仕事を楽しむ 126
29 世界平和につながる「論語の心」 130
30 人生はチームプレーでうまくいく 134
31 惰性に流れない 138
32 俗信・迷信を打破しろ 142
33 嫌われない国になる 146
34 社会貢献度で人を見る 150
35 「浩然の気」を養う 154

36 かっこつけるな、卑屈になるな 158
37 「意志の鍛錬」をする 162
38 結果だけで評価しない 166
39 修養を積むと判断のスピードが上がる 170
40 謙虚と遠慮は違う 174
41 労使は対立関係にあらず 178
42 会社に秘密があってはならない 182
43 長生きを喜ぶ 184
44 「欧米心酔」、昔といま 188

45 時間感覚を磨け 192
46 親孝行な子になるかどうかは親しだい 196
47 「いまどきの若い者は」と言わない 200
48 目指せ、男女総活躍社会 202
49 真の親孝行とは 206
50 運は開拓するもの 210
51 成功も失敗も人生の残りかすのようなもの 214
おわりに 218

※本書に掲載の原文は、『論語と算盤』（国書刊行会／昭和六十年十月一日第一刷発行）を底本にしています。声に出して読みやすいように句読点を変更し、改行を加えています。また、読み仮名をつけています。なお、「餒」「遙」「迄」「饗」は略字を使用しています。

声に出して読む　渋沢栄一「論語と算盤」

齋藤　孝

1

遠くて近いは「論語」と「算盤」

私《わたし》は不断《ふだん》にこの算盤《そろばん》は論語《ろんご》によってできている、
論語《ろんご》はまた算盤《そろばん》によって本当《ほんとう》の富《とみ》が活動《かつどう》されるものである、
ゆえに論語《ろんご》と算盤《そろばん》は、甚《はなは》だ遠《とお》くして
甚《はなは》だ近《ちか》いものであると始終《しじゅう》論《ろん》じておるのである。

論語はいわば「孔子《こうし》の言行録」。弟子たちが師匠の孔子と、あるいは弟子同士で行った問答が収録されています。

おもなテーマは〝道徳〟――人として踏み行うべき道です。噛《か》み砕《くだ》いて言えば「人はどう生きるべきか」を、さまざまな視点で説いているのです。

ただ道徳と聞くと、ふつうは「営利の追求を第一義とするビジネスに馴染《なじ》みにくいのでは?」と思います。

実際、論語はお金のことにはほとんどふれていません。それに孔子は、「貧しさをいとわず、ひたすら道を求めた」顔淵《がんえん》のような弟子を大変かわいがったものですから、清貧をすすめこそすれ、お金儲《もう》けには否定的だと受けとめられている部分があります。

だから論語をはじめとする儒教を学んだ江戸時代のお侍さんたちは、〝武士は食わねど高楊枝《たかようじ》〟の精神を持っていたのでしょう。武士の世界で「お金は卑《いや》しむべきもの」とされていました。

けれども渋沢の論語の読み方は、それとは違います。論語は「経済指南書」ではないけれど、「政治の書」「戦略の書」と言ってもいい要素がふんだんに盛りこまれています。根幹に「人格」を据《す》えているからこそ、ビジネス全般に通じる教えが得られます。渋沢はそこに気づき、「論語で商売をやってみせましょう」と、『論語と算盤』を書いたのです。そうして論語が、みんなが対極にあると思いこんでいた商業行為の象徴たる「算盤」と結びつきました。

一番のポイントは、「論語と算盤は遠いところにありそうで、実は近い関係にある」ところ。渋沢という一人の人間のなかに、論語の内容と商業行為が統合されて一本の柱を形成しているのです。

◆正直者がバカを見ない社会

いまに生きる私たちとしては、「『論語と算盤』の精神を、ビジネスならびに人生の柱とするべきだ」という強い確信に基づく渋沢の志を受け取るべきでしょう。

というのもコンプライアンス重視の時代になってますます、渋沢奉じる『論語と算盤』精神を持つことの重要性が増しているからです。

たとえば相変わらず、企業スキャンダルが頻発していますが、SNSの進展した社会にあって、もはや「隠蔽《いんぺい》」は不可能と言ってもいいでしょう。

粉飾決算、産地や消費期限の偽装、自社商品・サービスにある欠陥の隠蔽、リコール隠し、品質を担保するデータの改ざん・捏造《ねつぞう》、無資格者による検査の実施……、さまざまな不正が露見した結果、手ひどい社会的制裁を受ける企業のなんと多いことか。

ズルをすればバレることを、そろそろ本気で学んだほうがいい。いま思えば、昭和のころはけっこうな悪事を働いても、社会的制裁から逃れるのはそう難しくなかったような気がします。セクハラ、パワハラなどについては、問われること自体あまりありませんでした。

いまの時代はそうはいきません。何か不正が行われれば、必ず告発されると思ったほうがいい。ネット社会がビジネスにフェアな環境をもたらしたという見方もできます。だからこそ『論語と算盤』の精神が重要なのです。令和の時代が、

「正しい道を踏み行うことがビジネスの基本。ズルをしてはいけませんよ。正直者がバカを見ない社会にしましょう」

というふうになると、渋沢も喜ぶのではないかと思います。

2

正しい道理あってこその富

その富《とみ》を成《な》す根源《こんげん》は何《なに》かといえば、仁義道徳《じんぎどうとく》、正《ただ》しい道理《どうり》の富《とみ》でなければ、その富《とみ》は完全《かんぜん》に永続《えいぞく》することができぬ。ここにおいて論語《ろんご》と算盤《そろばん》という懸《か》け離《はな》れたものを一致《いっち》せしめる事《こと》が、今日《こんにち》の緊要《きんよう》の務《つとめ》と自分《じぶん》は考《かんが》えているのである。

「富なんか、お金なんか、いらない」

本心からそう言える人は、なかなかいません。百人いたら九十九人まで、お金は必要だと思っているし、富を望んでいると思います。

それ自体は、決して悪いことではありません。むしろいいことです。

ただ富には、「国の富」と「個人の富」の二種類があって、その両方の富を潤沢《じゅんたく》にすることを考える必要があります。

残念ながら、いまは「自分さえ儲《もう》かればいい」と考えているのではないかと疑われる実業家の方が少なくありません。たとえばケイマン諸島など、税金のあまりかからない海外に会社をつくったり、自ら居住したりして、日本で儲《もう》けたたくさんのお金をそちらに送るというようなことがわりと平気で行われています。

また東大をはじめとする国立大学に学んでおきながら、外国の国益に利する稼ぎをあげるといったこともあります。聞くところによると、東大の医学部を出た超秀才が、まったくの専門外であるにもかかわらず、報酬優先で外資系の証券会社に入社した例もあるとか。

医学部生一人当たり一億円の税金がかかっているとも言われています。もちろん職業選択の自由はありますから、道理に反しているとまでは言いませんが、渋沢は渋い顔をするでしょうね。

実業家の例にしろ、国立大学に学んだ者の進路の例にしろ、渋沢が生きていたら、「根本が間違っている」と言うのではないかと思います。

◆「一億総中流社会」をつくる気概を持つ

渋沢が活躍した明治時代は「富国強兵」といって、国が富むことを優先し、結果として個人が富むという意識が強くありました。だから日本で得た富を、何のためらいもなく海外に流出させるなんて、発想もしなかったでしょう。

「国に富が蓄積されなければ、独立さえ維持できない。そうならないよう、実業界を活性化させて、経済力によって国を支えていこう」

それが渋沢の立脚点ですから、国の富を視野に入れず、自分だけが裕福になろうとするなど、「心得違いも甚《はなは》だしい」となるわけです。

いまの日本人は、日本が独立国家であることを当たり前のように認識しているでしょうが、そう呑気《のんき》に構えてもいられません。先の大戦でも独立が危うくなっていますし、いつ何時独立が脅かされるかはわからないのです。

「国」という意識が希薄になってきたいまこそ、国民は独立の重要性を再認識するべきでしょう。渋沢が生きていた時代の「国」の観点がいま必要だと思うのです。

そもそも国全体の富が枯渇していけば、当然、国民の暮らしだって苦しくなっていきます。私たち一般人の富は、決して国の富と無関係ではないのです。

かつて「一億総中流社会」と言われた、奇跡のような時代がありました。一九七〇年代、ほんの四、五十年前です。

令和の時代、渋沢の一万円札を手にする私たちは、ここを理想とするのがいい。一部の人が儲かるのではなく、国民みんなが儲かって、国全体も富む。そのくらい高いレベルで理想を実現することを目指したいではありませんか。

「国民一人ひとりが持てる能力なりに国を支える意識を持って、仕事に取り組んでほしい」、それが渋沢の志だと思います。

3

士魂商才、武士道と商業を論語でつなげる

昔《むかし》、菅原道真《すがわらのみちざね》は和魂漢才《わこんかんさい》ということを言《い》った。（中略）
これに対《たい》して私《わたし》は常《つね》に士魂商才《しこんしょうさい》ということを唱道《しょうどう》するのである。
（中略）人間《にんげん》の世《よ》の中《なか》に立《た》つには武士的精神《ぶしてきせいしん》の必要《ひつよう》であることは
無論《むろん》であるが、しかし武士的精神《ぶしてきせいしん》のみに偏《へん》して
商才《しょうさい》というものがなければ、経済《けいざい》の上《うえ》からも自滅《じめつ》を招《まね》くようになる。
ゆえに士魂《しこん》にして商才《しょうさい》がなければならぬ。
その士魂《しこん》を養《やしな》うには、書物《しょもつ》という上《うえ》からはたくさんあるけれども、
やはり論語《ろんご》は最《もっと》も士魂養成《しこんようせい》の根底《こんてい》となるものと思《おも》う。

〈士魂商才〉とはうまいことを言う。

これは、菅原道真《すがわらのみちざね》の言った「和魂漢才《わこんかんさい》」をもじって、渋沢が創作した言葉。こういう四字熟語をつくるところに、渋沢のオリジナリティを感じます。

明治維新のころ、国としてのアイデンティティを大事にしながらも、西洋の文物を積極的に取り入れようと、「和魂洋才」という言葉がしきりに使われました。渋沢はそれをもうひとひねりしたという感じでしょうか。

それはさておき、〝士魂〟とは、文字どおり「武士の魂」を意味します。「論語と算盤」という言葉から、儒教と商業活動を結びつけたことはわかりますが、渋沢は実はもう一つの意味合いを含ませています。それが、

武士道の精神と商才――。

前にふれたように、武士道の精神には「お金は汚《けが》らわしい」とするところがあります。行動の目的は「お金をいくらもらえるか」ではなく「義」、つまり利害を捨て、条理にしたがって、他者・公共のために尽くすことでした。

それは非常に立派な行為ですが、一方で武士はその精神ゆえに自分で自分の首を絞

めることになったという現実があります。

たとえば徳川の世にあっても、武士が経済的に困窮し、商人から借金をして、返せずに踏み倒すようなことが頻発したのです。これはこれで、やはりまずい。借金の踏み倒しなんて、立派な悪行《あくぎょう》ですからね。

世界に目を向けると、支配階級の人々はだいたいみなさん、お金持ち。日本の支配階級である武士が総じてお金に苦労をし、商人から借りるくらい貧乏だというのは問題です。そういったこともあって、渋沢は根底に論語を置くことによって、武士道と商才を結びつけようと考えたのだと思います。

◆金持ちになるための近道は人格形成にあり

論語が最も大事にするのは、徳を身につけて、立派な人格を形成すること。これは武士であろうと、商人であろうと、ひいては農民であろうと、人間なら誰もが等しく土台とするべきものだからです。

ようするに武士道精神と論語は矛盾しないし、商才と論語も矛盾しない。武士と商人は正反対の立ち位置のようでいて、実は同じ土台の上に立っているということです。

たしかに、いくらお金儲《もう》けが上手でも、自分の利益しか考えていない、人格的に大きな疑問符のつく人は、一時的にうまくいっても、やがて周りから総スカンを食います。そうなると、事業が左前になり、たちまち金持ちの座からすべり落ちていくしかなくなります。ここはやはり、論語で人間性を鍛える必要がありそうです。

商業的な成功を望むなら、まず論語によって人間性を磨き、形成する。それが一番の近道かと思います。自分自身をそう戒《いまし》めるとともに、お子さんやお孫さんにも「仕事で成功したいなら、まず論語を読もうね。お札《さつ》になった、あの偉い渋沢栄一さんがすすめていることだよ」とご指導されることをおすすめします。

〝急がば回れ〟の論語——お金儲けの算段をする前に、まず論語を読む。そしてその教えを実践しながら、自分のなかのブレない軸にしていく。そうすると結果、ちゃんとした人間になり、ちゃんとお金儲けができるようにもなるのです。

4

人物を見抜くポイント

論語《ろんご》に説《と》かれた人物観察法《じんぶつかんさつほう》は、まず第一《だいいち》にその人《ひと》の外部《がいぶ》に顕《あら》われた行為《こうい》の善悪正邪《ぜんあくせいじゃ》を相《そう》し、それよりその人《ひと》の行為《こうい》は何《なに》を動機《どうき》にしているものなるやを篤《とく》と観《み》、更《さら》に一歩《いっぽ》を進《すす》めて、その人《ひと》の安心《あんしん》はいずれにあるや、その人《ひと》は何《なに》に満足《まんぞく》をして暮《く》らしてるや等《とう》を知《し》ることにすれば、必《かなら》ずその人《ひと》の真人物《しんじんぶつ》が明瞭《めいりょう》になるものでいかにその人《ひと》が隠《かく》そうとしても、隠《かく》し得《え》られるものでない（中略）ゆえに行為《こうい》と動機《どうき》と、満足《まんぞく》する点《てん》との三拍子《さんびょうし》が揃《そろ》って正《ただ》しくなければ、その人《ひと》は徹頭徹尾永遠《てっとうてつびえいえん》まで正《ただ》しい人《ひと》であるとは言《い》いかねるのである。

これは「人物の観察法」という項目にある言葉。前段に、佐藤一斎《いっさい》や孟子《もうし》、孔子《こうし》の言葉が紹介されています。ためになることが書いてあるので紹介しておきましょう。

まず儒学者の佐藤一斎。一斎の門人には佐久間象山《しょうざん》がおり、その開明的な教えは勝海舟、坂本竜馬、吉田松陰をはじめとする数千人に受け継がれました。幕末・維新の志士たちの活躍を支えた人物と言っても過言ではありません。

渋沢は、その一斎の著書『言志録《げんしろく》』にある「初見の時に相《そう》すれば人多く違《たが》わじ」という言葉を引用し、次のように述べています。

〈初めて会った時によくその人を観れば、一斎先生の言の如《ごと》く多くは誤《あやま》たぬもので、度々《たびたび》会うようになってからする観察は考え過ぎて、かえって過誤に陥りやすいものである〉

たしかに、初対面の印象というのはバカにできない。渋沢が言うように、相手がもし偽り飾っていても、そこが、初見のときにはチャンと当方の胸の鏡に映ってありありと見えるように思います。

次に孟子。孟子の人物観察法は、人の眼によってその人物のいかんを鑑別するもので、心根の正しくない人の眼は何となく曇っていて、心根の正しいものは、眼がはっきりして淀《よど》みがないとしています。これも何となくわかります。

もっとも渋沢は、一斎・孟子の鑑別法は簡単で手っ取り早く、間違いも少ないとしながらも、プラス孔子の説く方法を取り入れることをすすめています。その方法が書かれた論語のくだりがこれ。

子曰《しいわ》く、其《そ》の以《な》す所《ところ》を視《み》、其《そ》の由《よ》る所《ところ》を観《み》、其《そ》の安《やす》んずる所《ところ》を察《さっ》すれば、人焉《ひといずく》んぞ廋《かく》さん哉《や》。

「視」「観」「察」の漢字を使って、孔子は三つのポイントを挙げています。「誠実な人かどうかは、行動を注意深く見ていればわかる。心根の正しい人かどうかは、どんな気持ちからそういう行動をしているのか観察していればわかる。欲にまみれて悪事を働く人かどうかは、どんな暮らしに満足しているのかを見ればわかる」ということです。もう少しわかりやすいたとえで読み解いてみましょう。

高級車を自慢している人がいたとします。すぐに、「あぁ、この人は結局のところ、高級車を乗りまわすことに満足して生きているのか」とわかります。この一面だけだと、高級車を手に入れるためなら、手段を選ばない、あまり感心できない人のように思えます。けれども事は、そう簡単ではありません。

私の知っている医師の人たちは、寄ると車の話をしていますが、一方でいま話題の最先端医学についての難しい議論を始めると止まらないところもあります。ということは、「車も好きだけれど、本業の医学にはもっと熱い思いがあるんだな。どっちに満足して生きているかというと、医師としての仕事のほうだな」とわかります。

人物を見抜くには、一面的な見方をしてはダメで、よくよく観察するのが大事。渋沢はそう言いたかったのでしょう。それに「清く、貧しく、美しく」を重視しているのではなく、「自分の仕事にやりがいを見いだし、仕事をすることに満足して生きる人こそが信用できる『正しい人』だ」と言っているように思えます。

この方法に倣《なら》って、とくに若い人は人物を見抜く練習をするといいでしょう。その眼が養われれば、すばらしい人物との出会いに敏感になれるはずです。

5

論語は案外平易で実用的

私《わたし》は論語《ろんご》で一生《いっしょう》を貫《つらぬ》いて見《み》せる。
金銭《きんせん》を取扱《とりあつか》うが何故《なにゆえ》賤《いや》しいか、君《きみ》のように
金銭《きんせん》を卑《いや》しむようでは国家《こっか》は立《た》たぬ。官《かん》が高《たか》いとか、
人爵《じんしゃく》が高《たか》いとかいうことは、そう尊《たっと》いものでない。
人間《にんげん》の勤《いそし》むべき尊《たっと》い仕事《しごと》は到《いた》るところにある。
官《かん》だけが尊《たっと》いのではない（中略）
私《わたし》は論語《ろんご》を最《もっと》も瑕瑾《きず》のないものと思《おも》うたから、
論語《ろんご》の教訓《きょうくん》を標準《ひょうじゅん》として、一生《いっしょう》商売《しょうばい》をやってみようと決心《けっしん》した。
それは明治《めいじ》六年《ろくねん》の五月《ごがつ》のことであった。

ここは渋沢が官を辞して、商売の世界に変転。同僚に引き留められたときのことを述懐してその決意を記した部分です。

引き留めたのは玉乃《たまの》という、後に大審院（明治憲法下の最高司法裁判所）の院長になった人物。渋沢とは懇意にしていて、〈二人は共に将来は国務大臣になろうという希望を懐《いだ》いて進んでいた〉と言います。

玉乃はどうやら、当時大蔵官僚だった渋沢が、予算編成をめぐって内閣と対立した大臣の井上馨《かおる》に引きずられて退官することになったと勘違いしたようです。渋沢は官を辞した理由をこう述べています。

〈我が日本は、商売が最も振《ふる》わぬ。これが振わねば日本の国富を増進することができぬ。これはいかにもして他の方面と同時に、商売を振興せねばならぬと考えた〉

いまでは誰もが、「経済こそが国の土台。経済なくして独立なし」と知っています。でも明治六年の時点では、日本にはまだ会社すらなかったのですから、渋沢はかなり進んでいた、時代の先を見通していたと言えるでしょう。

玉乃は〈賤《いや》しむべき金銭に眼が眩《くら》み、官を去って商人になるとは実に呆《あき》れる。今まで君をそういう人間だとは思わなかった〉とまで言ったのですが、彼のそんな見解に反論するために渋沢は論語を引き合いに出しました。たとえば「趙普《ちょうふ》という北宋の功臣は、論語の精神に沿って国を治め、わが身を修めたんだよ」などと言いながら。

おもしろいのは、渋沢が人生とビジネスの伴走者に孔子を選んだ理由。最も欠点の少ない教訓だからだと言うのです。

薬にたとえるなら、論語は「副作用がほとんどない漢方薬」といったところでしょうか。効き目はすごいけれど、副作用もすごい劇薬があるように、思想とか教本にもいいことを言っているけれど、極端すぎる、過激すぎるものがあります。

その点、論語は〈最も瑕瑾《きず》（欠点）のないもの〉と渋沢は言います。たしかに論語には、だいたいにおいて「まぁ、おおよそそのとおりですね」と、誰もが納得させられることが書かれています。いつの時代もどこででも変わらぬ真理が説かれているということなのかもしれません。

ともあれ渋沢は、〈私は論語で一生を貫いて見せる〉と明言した手前、もっと論語を読みこみ、自分に引きつけて考え、実践していこうと決意を新《あら》たにした様子。そして著名な五人の先生の下で勉強し直したのでした。結果、わかったのは、「論語は決して難しい学理ではない。元来わかりやすく、世間に効能があるものなのに、学者が難しくしてしまっている」

ということ。同感ですね。

私も大学で新一年生が入学してくると、「論語祭り」と題した講義をやります。論語は教育学の基本書の一つなのに、いまの大学生はほぼ読んだことがないからです。課題は、「論語を読んで、好きなフレーズベスト5を引用し、それを自分のエピソードに引きつけてコメントを書く」というもの。みんなで感想を発表しあうと、これが非常に盛りあがります。論語も学生たちの表情も生き生きとしてくるのです。渋沢も同じような感覚だったのでしょう。項目末をこんな言葉で締めています。

孔夫子《こうふうし》（孔子の尊称）は決《け》してむずかし屋《や》でなく、案外捌《あんがいさば》けた方《かた》で、商人《しょうにん》でも農人《のうじん》でも誰《だれ》にでも会《あ》って教《おし》えてくれる方《かた》で、孔夫子《こうふうし》の教《おしえ》は実用的《じつようてき》の卑近《ひきん》の教《おしえ》である。

6

「時」を待て。でも「時」を逃すな

人《ひと》が世《よ》の中《なか》に処《しょ》してゆくのには、形勢《けいせい》を観望《かんぼう》して気長《きなが》に時期《じき》の到来《とうらい》を待《ま》つということも、決《け》して忘《わす》れてはならぬ心懸《こころがけ》である。正《ただ》しきを曲《ま》げんとするもの、信《しん》ずるところを屈《くつ》せしめんとする者《もの》あらば、断《だん》じてこれと争《あらそ》わねばならぬ。

青《せい》年《ねん》子《し》弟《てい》諸《しょ》君《くん》に勧《すす》める傍《かたわ》ら、私《わたし》はまた気長《きなが》に時期《じき》の到来《とうらい》を待《ま》つの忍耐《にんたい》もなければならぬことを、ぜひ青《せい》年《ねん》子《し》弟《てい》諸《しょ》君《くん》に考えておいて貰《もら》いたいのである。

自分の考えや意見を主張し、ときに対立する相手と戦うのは、大事なことです。でももっと大事なことがあります。

それは、タイミングをはかること——。

考えてもみてください。いつもいつも自分の言い分を通そうとして、「それ、違うんじゃないですか」「それ、間違ってるんじゃないですか」などと言いつづけていたら、かなり疲れますね。

言われるほうだって同じ。「またか」となって、最悪の場合、「面倒くさいから、あいつはチームからはずそう」となってしまいかねません。組織に馴染《なじ》めない人に多いタイプと言ってもいいでしょう。

渋沢はもちろん、「人として正しい」「道にかなっている」と思えば、自分の主義主張を是《ぜ》と信じて戦う人です。だから「青年諸君、正しいことを曲げようとする者、正義をくじこうとする者がいたら、断乎《だんこ》、戦うべし」と語気を強めています。

けれども一方で、「タイミングをはかることも忘れてはいけないよ」とも言います。

「いかに正しい主張であっても、世の中の形勢を動かすのはかなり難しい場合もある。

そんなときはいくらゴリ押ししてもうまくいかないから、気長に構えて、虎視眈々《たんたん》と好機到来を待ったほうがいい」という考えです。

会社でも、「ここぞのとき、これだけは言っておこう」と決めて、戦わずにすむところは流すというように緩急をつけると、仕事がやりやすくなると思います。

ポイントはギアチェンジをすることです。

たとえば「ここは緊急を要する場面だから、自分の意見をはっきり言わなくてはいけない」ときだからギアを入れる。「ここは自分の意見が通りそうもない」ときだからギアを緩め、「しばらく様子を見て、上司が忘れたころに改めてぶつけてみるか」と構えの姿勢をとる。そんなふうに切り替えるといいかと思います。

◆あきらめずに待つ

〈気長に時期到来を待つ〉というのは、意外と難しいものです。とくに現代は時間の流れが速いこともあって、〝待つ〟ことが苦手な人が増えているようにも思います。

主義主張を戦わせることとは別の話になりますが、結果を早急に求めて、うまくいかなければすぐにあきらめるのは考えもの。あきらめずに待つことも大事です。

たとえば最近は、会社に入って一カ月くらいで辞める人がけっこういます。本当に合わないとわかったら、さっさと辞めてもいいのですが、合うと思ったから入社を決めたわけで、一カ月というのはやはり辞める決断が早すぎると言えます。

ひどすぎる会社でなければ、一年から三年勤めてみる。すると任される仕事が増えて、会社が楽しくなってくることも充分にありえます。その時を待つことも大切でしょう。

またスキルの部分で言うと、成長はだいたい「上昇曲線を描きながら、ある時点で成長がストップして平らになり、しばらくするとまた上昇曲線を描きはじめる」という感じで進んでいきます。

この法則にしたがえば、成長曲線が平らなときに「んー、ちっとも上達しない。やめた」とあきらめるのはもったいない。ここはあきらめずに、成長曲線が上がりはじめるのを気長に待つのも一つの方法でしょう。

性急に戦うだけではなく、事態が好転するまで待つことも覚えておいてください。

7

平等とは能力の適不適を察すること

ただ私《わたし》の素志《そし》は適所《てきしょ》に適材《てきざい》を得《う》ることに存《そん》するのである。適材《てきざい》の適所《てきしょ》に処《しょ》して、しかしてなんらの成績《せいせき》を挙《あ》げることは、これその人《ひと》の国家《こっか》社会《しゃかい》に貢献《こうけん》する本来《ほんらい》の道《みち》であって、やがてまたそれが渋沢《しぶさわ》の国家《こっか》社会《しゃかい》に貢献《こうけん》する道《みち》となるのである。私《わたし》はこの信念《しんねん》の下《もと》に人物《じんぶつ》を待《ま》つのである。（中略）人《ひと》は平等《びょうどう》でなければならぬ。節制《せっせい》あり礼譲《れいじょう》ある平等《びょうどう》でなければならぬ。私《わたし》を徳《とく》とする人《ひと》もあろうが、私《わたし》も人《ひと》を徳《とく》としている。畢竟《ひっきょう》世《よ》の中《なか》は相持《あいも》ちと極《き》めておるから、われも驕《おご》らず、彼《かれ》も侮《あなど》らず、互《たがい》に相許《あいゆる》して毫末《ごうまつ》も乖離《かいり》するところのなきように私《わたし》は勤《つと》めておる。

〈徳川家康という人ほど巧みに適材を適所に配備して、自家の権勢を張るに便じた権謀家は見当らない〉と、家康の人材配置の手腕を見事と絶賛する渋沢ですが、〈目的においては全《まった》く家康に倣《なら》うところがない〉と言いきっています。

どういうことでしょうか。噛《か》み砕《くだ》くと、こうです。

「私は家康のように、自家の勢力を築くために、人材を適材適所に配置するのではない。人を使う者として、部下の一人ひとりに、持てる能力を一番発揮できるポジションを与え、国家社会のために貢献してもらいたいからだ。それが同時に、私自身が国家社会に貢献することにつながるからだ」

渋沢の頭のなかには、「自分の家を大きくしよう」なんて気持ちはまったくなかったようです。

そういえば、「渋沢財閥」って聞いたことがありません。生涯に約五百もの企業の設立・育成に関わったことを考えると、三井・三菱・住友のように財閥を形成していても何の不思議もありませんが、そんなことに興味はなかったようです。

現実に、広く出資を募って株式会社を設立し、得た利益はすぐに次の投資に振り向けるのが渋沢スタイル。広く利益を共有しようという思いがあったのでしょう。

実に立派！　だからお札《さつ》になるわけです。

また渋沢が腐心した〝適材適所〟の工夫で特徴的なのは、土台に「平等」という概念があることです。

「人は基本、平等。能力に上下はない。それぞれが得意とするところを発揮できるよう活躍の場を提供することが大事である。よって、自分のほうが能力があると人を下に見たり、能力に合わない仕事やポジションを与えて苦しめたりするのはいけない」

とする渋沢の主張は、やはり論語の精神――「驕《おご》るべからず」「礼を失するべからず」の精神に則ったものと言えるでしょう。

翻《ひるがえ》って現代はどうでしょう？　渋沢の言う平等が実現されているでしょうか。

近年多発するパワハラ・セクハラ問題を見る限り、渋沢の理想はまだ達成できていません。平等を基本にすれば、「むりやり能力に見合わない仕事をやらせる」とか「イヤがっていても長時間労働を強《し》いる」といった選択肢はないはずですからね。

◆自分でも気づかない才能があるかも

適材適所をうまく機能させるには、上に立つ者に「人の才能を見抜く眼力」があることも、大事なポイントになります。

日ごろからよく部下を観察し、「これをやらせたら、案外、すごい力を発揮するんじゃないの?」というようなカンを働かせる。それも上司の仕事だと思うのです。

少し前、いい話を聞きました。それは、テレビの収録で俳優の堤真一さんと隣りあわせたときのこと。堤さんが「自分が今日《こんにち》役者をやっているのは、実は坂東玉三郎さんのおかげなんです」と言うのです。

実は堤さんはかつて玉三郎さんの舞台の黒衣《くろこ》をやっていて、玉三郎さんから突然「あなたには芝居心がある。役者になったら?」と言われたそうです。単に「芝居が好きだっただけ」の堤さんは、玉三郎さんのそのひと言をきっかけに、役者の道に進んだといいます。

こんなふうに、自分でも気づかない才能を誰かが見抜いてくれることはよくあります。眼力のある人の見立てにはしたがってみることも大事ではないかと思います。

8

不遇のときはひたすら勉強

自《し》然《ぜん》的《てき》の逆境《ぎゃっきょう》に処《しょ》するに当《あた》っては、まず天命《てんめい》に安《やす》んじ、おもむろに来《きた》るべき運命《うんめい》を待《ま》ちつつ

撓《たゆ》まず屈《くっ》せず勉強《べんきょう》するがよい。

それに反《はん》して、人為的《じんいてき》の逆境《ぎゃっきょう》に陥《おちい》った場合《ばあい》はいかにすべきかというに、これは多《おお》く自働的《じどうてき》なれば、何《なん》でも自分《じぶん》に省《かえり》みて悪《わる》い点《てん》を改《あらた》めるより外《ほか》はない。

何をやってもうまくいかず、次々と困難が降りかかってくる。そんな境遇を「逆境」と言います。渋沢は逆境には二種類あるとしています。

それは、「自然的逆境」と「人為的逆境」――。

このうち、避けやすく、乗り越えやすいのは後者、人為的逆境だと、渋沢は考えています。なぜなら、人為的逆境の多くは、自分が招いたものだからです。具体的には、次のように述べています。

世《よ》の中《なか》のことは多《おお》く自働的《じどうてき》のもので、自分《じぶん》からこうしたいああしたいと奮励《ふんれい》さえすれば、大概《たいがい》はその意《い》のごとくになるものである。しかるに多《おお》くの人《ひと》は自《みずか》ら幸福《こうふく》なる運命《うんめい》を招《まね》こうとはせず、かえって手前《てまえ》の方《ほう》からほとんど故意《こい》に佞《ねじ》けた人《ひと》となって逆境《ぎゃっきょう》を招《まね》くようなことをしてしまう。それでは順境《じゅんきょう》に立《た》ちたい、幸福《こうふく》な生《しょう》涯《がい》を送《おく》りたいとて、それを得《え》られるはずがないではないか。

なかなか手厳しい意見ですが、たしかに「順境に立ちたい」と思いながら、そうなるように行動しないから、逆境を招く部分はあるかもしれません。

であるならば、自分の心がけひとつで逆境を避けることは可能だし、もし逆境を招いたとしても自力で乗り越えられそうです。そのための方法は、ただ一つ。

「あまり自分を責めず、でも自身の悪いところを認めて反省し、改めていけばいい」

非常にシンプルです。

それよりずっと大変なのはもう一つの逆境、自然的逆境のほうでしょう。

時代の流れであり、好むと好まざるとにかかわらず、巻きこまれてしまうものだからです。渋沢は〈余《よ》もまた逆境に処して来た一人である〉と言っています。幕末維新のあの激動の時代を思うと、さもありなん、ですね。

近年で自然的逆境といえば、リーマンショックがその一つでしょう。いわば「消費者金融の住宅ローン版」みたいなサブプライムローンが、低所得者にじゃんじゃんお金を貸しだしたのはいいけれど、返済できない人が大勢出て破綻。一方で、サブプライムローンはリーマンブラザーズのような投資銀行に債権を売却。リーマンはその債権を小口化し、パッケージ商品にして世界中の金融機関にばらまいた、あの事件です。

簡単に言ってしまえば「自分だけ儲《もう》かればいい」という人たちが、世界を巻きこんで、ある種の詐欺を働いたようなもの。リーマンは当然、経営破綻に追いこまれましたが、それはかりか世界に不景気をもたらすという惨劇を招いてしまったのです。

これは、一般の人からすれば天災としか言いようがありません。渋沢だったら、どうしたでしょう？

答えは次の一文にあります。

〈第一にその場合に自己の本分であると覚悟するのが唯一の策であろうと思う。足るを知りて分を守り、これはいかに焦慮《しょうりょ》すればとて、天命であるから仕方がないとあきらめるならば、いかに処《しょ》し難《がた》き逆境にいても、心は平《たいら》かなるを得るに相違ない〉

この言葉を私は、「自然的にしろ人為的にしろ、逆境に遭ったら、しょうがないとあきらめて、おとなしく勉強に励むのがよろしい」というふうに読みます。

人間、誰にでも不遇のときはあります。会社員なら、望まない異動に気持ちがへこむこともあるでしょう。そういうときこそ「そのポジションでできる勉強をして、事態が好転するのを待つ」、それしかないのではないでしょうか。

9

自分にとっての「蟹の穴」を見つける

箸《はし》の上《あ》げ下《お》ろしの注意《ちゅうい》が出来《でき》れば、
次《つぎ》に心掛《こころが》くべきは自分《じぶん》を知《し》るということである。
世《よ》の中《なか》には随分自分《ずいぶんじぶん》の力《ちから》を過信《かしん》して非望《ひぼう》を起《おこ》す人《ひと》もあるが、
余《あま》り進《すす》むことばかり知《し》って、分《ぶん》を守《まも》ることを知《し》らぬと、
飛《と》んだ間違《まちがい》を惹《ひ》き起《おこ》すことがある。
私《わたし》は蟹《かに》は甲羅《こうら》に似《に》せて穴《あな》を掘《ほ》るという主義《しゅぎ》で、
渋沢《しぶさわ》の分《ぶん》を守《まも》るということを心掛《こころが》けておる。

「蟹《かに》の穴」とは、おもしろい表現ですね。

いまはあまり使われないかもしれませんが、「蟹は甲羅に似せて穴を掘る」という慣用句があります。

蟹の甲羅の大きさは、蟹によってまちまち。大きければ大きいなりに、小さければ小さいなりに、自分の甲羅の大きさに合った穴を掘って住むとか。そこから「人間も自分の分相応、能力相応の考えや行いをするものだ」ということを意味します。

渋沢はこの慣用句を使って、

〈蟹穴主義が肝要〉

と述べているわけです。

では、渋沢にとっての「蟹の穴」は何かというと、次のくだりに書かれています。

〈これでも今から十年ばかり前に、ぜひ大蔵大臣になってくれだの、また日本銀行の総裁になってくれだのという交渉を受けたこともあるが、自分は明治六年に感ずるところがあって実業界に穴を掘って這入《はい》ったのであるから、今更《いまさら》その穴を這出《はいだ》すこともできないと思って固く辞してしまった〉

つまり「実業界で志を遂げようと決めた以上、それが自分にとっての蟹の穴だ」ということです。

いまの時代はよく、「自分が望めば、何にでもなれる」「夢は必ずかなう」というふうなことが言われます。

しかしそういうことは安易に言うべきではないと私は思います。たとえばまったく才能も適性もない方向に人生の舵《かじ》をきって、何者にもなれないなど、ときとして禍《わざわ》いをもたらすことが危惧《きぐ》されるからです。

もちろん夢を持つことは大切です。子どもたちが「歌手になりたい」「モデルになりたい」「プロのサッカー選手になりたい」などと思うのはいいし、そこに向かって努力するのもいい。ただどこかの時点で自分の能力を客観的に、冷静に見て、自分にはムリなラインかどうかを見きわめることが大切だと思うのです。

私自身、子どものころは「プロ野球選手になりたい」と言っていましたが、小学五年生でもうあきらめました。クラスでさえ一番になれないのに、ムリだと。また音楽の世界に進むのもムリ。絶対音感がないどころか相対的な音感さえも怪しい人間が、音楽家になれるわけはありませんからね。

私はどちらかというと、何でもできそうな気がするタイプですが、たとえば会社を興して大きな事業をやるとしたら、いけそうな気がする一方で、ものすごい負債を抱えそうな気もします。私にとっての「蟹の穴」はやはり、教職であり、本を書く仕事なのです。

一歩一歩、努力を積み重ねていってもムリな世界というものがある。このことは頭のどこかに置いておいたほうがいいと思います。

渋沢はこの項で、論語の言葉を引いています。

心《こころ》の欲《ほっ》する所《ところ》にしたがって矩《のり》を踰《こ》えず。

自分にとっての「蟹の穴」を見つけ、それを分として安心して進んでいくのがいい。それが渋沢のメッセージです。

10

好調なときこそ気を引き締める

人《ひと》は得意時代《とくいじだい》にも調子《ちょうし》に乗《の》るということなく、大事小事《だいじしょうじ》に対《たい》して同一《どういつ》の思慮分別《しりょふんべつ》をもってこれに臨《のぞ》むがよい。
水戸黄門光圀公《みとこうもんみつくにこう》の壁書中《へきしょちゅう》に
「小《しょう》なる事《こと》は分別《ふんべつ》せよ、大《だい》なることに驚《おどろ》くべからず」
とあるは、真《まこと》に知言《ちげん》というべきである。

ここで渋沢は、人が失敗する原因を二つ挙げています。

一つは「好調時の思いあがり」です。

物事が思いどおりに、いやそれ以上にうまく運ぶことが、たまにあります。そういうとき、人はどうしてもいい気になります。

そうして何をやってもうまくいくような気がするから、行動が大胆になります。思慮分別に欠ける言動が増え、無意識のうちに〝失敗の種〟を撒《ま》き散らすことにもなります。それが結局、「大失敗」に結びつくケースが多いのです。巷間《こうかん》よく、

「人間、調子に乗ると、ろくなことはない」

とささやかれるとおりです。

あるいは「好事魔多し」という慣用句があるように、うまくいっているときほどジャマが入りやすい。それも自分で自分の墓穴を掘る部分が大きいように思います。

たとえばある外食チェーンは、数年前の上場以来業績をぐんぐん伸ばしていたのに、調子に乗ったのでしょう、出店を加速させたために、台所事情は火の車。それをリカバーしようと値上げに踏みきり、業績を大きく悪化させました。不採算店舗を次々と

閉める事態にまで陥ったのです。

その原因は、値上げではありません。無謀な出店の裏側で、サービス・商品の質すらキープできない状態で値段だけを上げたから客離れが起きてしまったのです。

どこかに「うちは人気店だから、少しくらい値上げしたって大丈夫さ」という驕《おご》りがあったのでしょう。商売をするうえで最も大事な〝質〟に目が向かなくなるほど、調子に乗ったということです。

こういった例はいくらでもあります。渋沢が言うように、得意時代に調子に乗ることはありがちだけれど、だからこそ気を引き締めなければいけないのです。

◆熟慮が必要なのは、大きなことより小さなこと

もう一つの失敗の原因は、小さなことをないがしろにすることです。

「小事は失敗したって、そう大きなことにはならないから、いいんじゃないの？　それよりも大事のほうをしっかり考えるべきでしょう」

と思うかもしれませんが、渋沢は逆だと言うのです。

なぜなら、大事については、放っておいても熟慮するから。それだけ失敗する危険も小さくなるわけです。

その点、小事というのはバカにしてかかることが多いもの。一つひとつは大した失敗にならないけれど、「蟻《あり》の穴から堤《つつみ》も崩《くず》れる」で、積み重なると大変な事態を招く危険があるのです。

成功した経営者はそのへんをよく心得ているのでしょう、言葉は悪いけれど、「細かいことにうるさい」ところがあります。「そこ、掃除が行き届いていないじゃないか」とか「一円だって、ムダ使いはムダ使いだ。もっと倹約してくれよ」とか「あの会社に対して、あの態度はないだろ。取引額が小さいからってバカにするなよ」とか。

以前お会いした映画監督の周防正行《すおう》さんは、「監督の仕事って、衣裳《いしょう》決めやら、お弁当の手配やら、細かいことにいちいち判断を求められるんです。その小さな積み重ねで大きな作品が仕上がるんですけどね」と言っておられました。一事が万事、そう。小事をおろそかにしないからこそ、大事を成し遂げることができるのです。

11

活字は認知症予防に効くクスリ

文明《ぶんめい》の老人《ろうじん》たるには、身体《しんたい》はたとい衰弱《すいじゃく》するとしても、
精神《せいしん》が衰弱《すいじゃく》せぬようにしたい。
精神《せいしん》を衰弱《すいじゃく》せぬようにするは学問《がくもん》によるほかはない。
常《つね》に学問《がくもん》を進《すす》めて時代《じだい》におくれぬ人《ひと》であったならば、
私《わたし》はいつまでも精神《せいしん》に老衰《ろうすい》ということはなかろうと思《おも》う。
このゆえに私《わたし》は単《たん》に肉塊《にくかい》の存在《そんざい》たるは人《ひと》として甚《はなは》だ嫌《きら》うので、
身体《しんたい》の世《よ》にある限《かぎ》りは、
どうぞ精神《せいしん》をも存在《そんざい》せしめたいと思《おも》うのである。

いつごろからか、「キレやすい高齢者が増えた」と言われています。キレやすくなるのは認知症の症状の一つです。若いときからキレやすいならともかく、高齢になってそういう徴候が出てきたとしたら、認知症の疑いありと考えざるをえないところです。

なぜキレやすくなるのか。どうやら脳の扁桃体《へんとうたい》というところが不安や怒り、攻撃性を発動し、その興奮を前頭前野《ぜんとうぜんや》という部分でコントロールできなくなるかららしいのです。つまり簡単に言うと、キレやすい高齢者は、前頭前野の働きが弱まっているのでしょう。であれば、

「前頭前野を鍛えることが、認知症の予防につながる」

というふうに考えられます。

これは、キレやすい高齢者に限った話ではありません。今後、超高齢社会がさらに進んでいくことは明らか。人口分布でいえば、七十代、八十代が占める割合はさらに大きくなり、九十代だってそう珍しくもない状況になるでしょう。もはや、〝認知症予防〟が健康で長生きするうえでの最重要課題の一つであることは間違いないのです。

だから渋沢の「たとえ肉体的に衰弱しても、精神が衰弱しないようにしたい」という思いに共感する人は多いと思います。

渋沢の時代にはもちろん、「認知症」という言葉はありませんでした。いまほど人が長生きだったわけでもありません。それでも渋沢は、現在の高齢社会を予見していたかのように、こう言っています。

自分《じぶん》は文明《ぶんめい》の老人《ろうじん》たることを希望《きぼう》する。

『論語と算盤』の初版が刊行されたとき、渋沢はもう七十六歳でしたから、よけいに精神の老衰を気にしたのだと思います。

渋沢の言う〈文明の老人〉とは、頭がはっきりしていて、時代の流れに乗り遅れることなく、意気盛んに活動を続ける人間であることを意味します。そういう老人であるための方法として提示されているのが「学問」です。

さすが渋沢！　最初に述べた〝認知症予防〟のために前頭前野を鍛える方法は、まさに勉強すること。その勉強が渋沢の九十一年の生涯を支えたとも言えます。

勉強とは本を読むこと。いわゆる「脳トレ」を提唱する川島隆太先生によると、「活字を読んで、前頭前野を鍛えるのが一番」だそうです。もっといいのは音読。「音読は認知症予防によく効くクスリ」とも主張されています。

少々手前みそな言い方になりますが、本書は認知症予防にも効くと言えそうです。私は以前、『声に出して読みたい日本語』という本を出しましたが、これは幼児の教育であるとともに、高齢者の脳トレでもあるのです。

老婆心ながらひと言つけ加えると、勉強の大切さがわかっていない中高生が多いように私には思えます。勉強は頭を鍛えるものだと、もっと認識してほしいのです。

ですから大人のみなさんは、子や孫から「どうして勉強しなきゃいけないの?」と尋ねられたら、「頭を鍛えるためだよ」と答えてください。さらにこう言いましょう。

「スポーツをしている人は体を鍛えているから、一生、体が丈夫だろう? 同じように、頭だって鍛えていれば、一生頭がよく回転するようになるんだ。頭の元気を一生保つために勉強が必要なんだよ」

12

先の心配より、いまやるべきことをやる

私《わたし》は常《つね》に精神《せいしん》の向上《こうじょう》を富《とみ》と共《とも》に進《すす》めることが必要《ひつよう》であると信《しん》じておる。人《ひと》はこの点《てん》から考《かんが》えて強《つよ》い信仰《しんこう》を持《も》たねばならぬ。私《わたし》は農家《のうか》に生《うま》れたから教育《きょういく》も低《ひく》かったが、幸《さいわい》にも漢学《かんがく》を修《おさ》めることができたので、これより一種《いっしゅ》の信仰《しんこう》を得《え》たのである。私《わたし》は極楽《ごくらく》も地獄《じごく》も心《こころ》に掛《か》けない。ただ現在《げんざい》において正《ただ》しいことを行《おこな》ったならば人《ひと》として立派《りっぱ》なものであると信《しん》じておるのである。

明治維新から時代が流れて大正の時世ともなると、日本の物質文明はかなりの進歩を遂げました。

ほんの三、四十年前には「商人に学問は不要」と言われ、渋沢が立ち上げに関わった商法講習所（現・一橋大学）が何度か廃校の危機に立たされたのもウソのよう。渋沢は声を大にして〈科学的知識が必要〉と説き、〈才学倶《とも》に備わった人が輩出するに至った〉と言います。

しかし一方で、〈大《だい》なる弊害《へいがい》を生じた〉と渋沢は指摘しています。

この時代《じだい》（江戸時代）に教育《きょういく》された武士《ぶし》の中《なか》には、高尚遠大《こうしょうえんだい》な性行《せいこう》の人《ひと》も少《すく》なくはなかったのであるが、今日《こんにち》の人《ひと》にはそれがない。富《とみ》は積《つ》み重《かさ》なっても、哀《かな》しいかな武士道《ぶしどう》とか、あるいは仁義道徳《じんぎどうとく》というものが、地《ち》を払《はら》っておるといってよいと思《おも》う。すなわち精神教育《せいしんきょういく》が全《まった》く衰《おとろ》えて来《く》ると思《おも》うのである。

いまの時代も似たところがあるかもしれません。現代人は豊かさと引き替えに、心が弱くなっているところがありますからね。

そこで渋沢が提案するのは、「強い信仰を持て」ということです。「信仰」と言っても、宗教とは違うようです。あるいは「死んだら、極楽浄土に行きたい」とか「ここで善行《ぜんこう》を積んでおくと、来世でいい目を見れるかも」「悪いことをしたら、地獄に落ちちゃう」などと、過去の悪いことが帳消しになるようにお祈りしたり、先のことがうまくいくように心配したりすることとも違います。

漢学を修めることで、一種の信仰を得たというのです。どういうことか。

わかりやすく言えば、「いま正しいことをする。それが人として立派になる道である」と信じることが、渋沢にとっての信仰なのです。

信仰の対象としての宗教を持たなくとも、自分はこう生きるんだという精神の柱を持てれば、それが信仰になりうるというふうに考えていただけるといいでしょう。

渋沢のように、いま現在のやるべきことに集中すれば、立派な人間になると信じると、意外と気持ちが落ち着くものです。

現代人の悩みというのは、だいたい「やり直しのきかない過去」を悔《く》やむ後悔か、

「どうなるかわからない将来」を心配する不安か。後悔と不安に気を取られて、いま現在のことに目が行かない部分があるように思います。

それは非常にもったいないこと。いまやるべきことを考えずに、過去のことを何年も延々と悩み、いくら考えてもわからない将来のことを憂えたりしても、心がざわつくばかり。信仰心のある人間とは真逆の、心の定まらない人になってしまいます。

ところで私には、信仰しているものがあります。それは、本をたくさん読むことです。言い換えれば、

「先人の教えを虚心坦懐に受け取り、内なる〝精神の森〟を豊かにする」

それが私にとっての信仰なのです。孔子《こうし》、仏陀《ぶっだ》、イエス、福沢諭吉、ニーチェ、ゲーテ、渋沢栄一……、多くの偉人たちに、私の〝精神の森〟で仲良く暮らしてもらっています。

特定の宗教を持たない人には、こういう信仰のスタイルをおすすめしたいですね。精神がとても強くなることは、私が請けあいます。

13

やるのは自分

御馳走《ごちそう》の献立《こんだて》をした上《うえ》に、それを養《やしな》ってやるほど先輩《せんぱい》や世《よ》の中《なか》というものは暇《ひま》でない。かの木下藤吉郎《きのしたとうきちろう》は匹夫《ひっぷ》から起《た》って、関白《かんぱく》という大《おお》きな御馳走《ごちそう》を食《た》べた。けれど彼《かれ》は信長《のぶなが》に養《やしな》って貰《もら》ったのではない。自分《じぶん》で箸《はし》をとって食《た》べたのである。

何《なに》か一《ひと》と仕事《しごと》しようとする者《もの》は自分《じぶん》で箸《はし》を取《と》らなければ駄目《だめ》である。

「すごいご馳走《ちそう》を献立して、目の前に並べてもらっても、自分から箸《はし》をとらなければ、せっかくの料理も食べられない」

おもしろい表現ですね。いまの世にも、ご馳走があったら、箸をとって食べてみるのが当たり前なのに、そうしない人がけっこういるものです。

渋沢は、例として「仕事をしたいのに頼める人がいない」「引いてくれる人がいない」「見てくれる人がいない」と人のせいにして愚痴ばかりこぼす青年のことを挙げています。現実には、多くの会社が優秀な人物に入社してほしいと、お膳立てをしているのだから、そのお膳に座って箸をとればいいだけの話だと。そして、

「コネがあろうと、なかろうと、関係ない。世の中は才能のある若者を放っておきはしないものだ」

とも言っています。まぁ、「甘えるな」ということです。

私自身の経験でも、人にアドバイスを求めるわりには、そのアドバイスに沿って行動しない人が非常に多いと実感しています。

たとえば「先生、こういうことをやりたいんですが、どんな勉強をすればいいです

か?」と質問されれば、私は読んだらいいと思う本を何冊か紹介します。でも半年くらい経《た》って、「読んだ?」と聞くと、平気な顔で「いえ、まだ読んでません」と答える。そんなことはよくあります。渋沢ならきっと、

「あのさ、木下藤吉郎は自分で箸をとって食べたんだよね。信長に甘えていたわけじゃあないいんだよ」

と言うでしょうね。

自分で箸をとらないことには、本当に何も始まらないのです。

千里《せんり》の道《みち》も跬歩《きほ》よりす。

渋沢はまた、「千里の道も一歩から」を意味する右の古語を引いて、

「とくに若い人は、最初から重い仕事を任せられるわけはないのだから、自分には簡単すぎるとか、つまらない雑用ばかりだとか文句を言ってはいけない。そういう小さな仕事でも、手を抜かずにまじめに取り組むことが大切だ」

と説いています。ちなみに跬歩とは「半歩」のことです。

小さな仕事も満足にできない者に、大きな仕事が任されるはずはないということです。

いまの若者のなかにも、ともすれば「そんな簡単なこと、自分がやる仕事じゃあない」みたいな生意気を言う人がいます。けれども文句を言っている暇《ひま》があったら、目の前の仕事に懸命に取り組むのが先決でしょう。

小さな仕事でも積み重ねていけば、その実績が認められ、だんだん軽い仕事から重い仕事を任せてもらえるようになるものです。

14

何で世の中に貢献できるかをよく考える

立志《りっし》は人生《じんせい》という建築《けんちく》の骨子《こっし》で、小立志《しょうりっし》はその修飾《しゅうしょく》であるから、最初《さいしょ》にそれらの組合《くみあわ》せを確《しか》と考《かんが》えてかからなければ、後日《ごじつ》に至《いた》ってせっかくの建築《けんちく》が半途《はんと》で毀《こわ》れるようなことにならぬとも限《かぎ》らぬ。かくのごとく**立志《りっし》は人生《じんせい》にとって大切《たいせつ》の出発点《しゅっぱつてん》**であるから、何人《なんぴと》も軽々《けいけい》に看過《かんか》することはできぬのである。立志《りっし》の要《かなめ》はよくおのれを知《し》り、身《み》のほどを考《かんが》え、それに応《おう》じて適当《てきとう》なる方針《ほうしん》を決定《けってい》する以外《いがい》にないのである。誰《だれ》もよくそのほどを計《はか》って進《すす》むように心掛《こころが》くるならば、人生《じんせい》の行路《こうろ》において間違《まちがい》の起《おこ》るはずは万々《ばんばん》ないことと信《しん》ずる。

「立志」とは、読んで字のごとく、志を立てることです。

福井県の中学校では「立志式」を行っています。

昔、男子が成人になったことを示し、祝う儀式に「元服《げんぷく》」というものがありました。それが武士社会の風習では数えで十五歳だったことから、いまは満十四歳、中学二年生になると、この立志式が行われています。

福井藩の幕末の志士・橋本左内《さない》が、十五歳（数え年）のときに「啓発録」を著し、立志していることを範としています。甘えを排する。強く決意する。目標を定め精進。優れた人物を見習う。向上しあう友を選ぶ。左内の立志は、このような内容です。

立志式は、これから進む道について志を立て、実現に向けて精いっぱい努力することを誓うものです。とてもいいと思いますね。

ただ「立志」と言っても、どう決めればいいか、難しいかもしれません。

ここは渋沢に聞いてみましょう。


立志《りっし》の当初《とうしょ》最《もっと》も慎重《しんちょう》に意《い》を用《もち》うるの必要《ひつよう》がある。その工夫《くふう》としてはまず自己《じこ》の頭《ず》脳《のう》を冷静《れいせい》にし、しかる後自分《のちじぶん》の長所《ちょうしょ》とするところ、短所《たんしょ》とするところを精細《せいさい》に比《ひ》較考察《かくこうさつ》し、その最《もっと》も長《ちょう》ずる所《ところ》に向《むか》って志《こころざし》を定《さだ》めるがよい。

つまり、まず冷静になって、自分の長所・短所を細かく自己分析し、長所に向かって志を立てるがよろしいということです。

これをさらに具体的に言っているのが、音読していただきたい冒頭の言葉。建築にたとえて、「自分は何を通して世の中に貢献するのかを考えて立てた大きな志を骨子に、それを具現化していくために必要な小さな志を立てていくことだ」としています。

これは、現在MLBで活躍する大谷翔平選手が高校一年生のときにつくった「マンダラチャート」（図を参照）をイメージしてもらうと、わかりやすいでしょう。

マンダラチャートとは、九マスから成る正方形九つで一つの正方形になっている表のこと。まず、ど真ん中のマスに大きな志を書き、周りの八マスに小さな志として、それを実現するために必要なことを記入します。

そうして次に、八項目のそれぞれを真ん中に置いて、それを実現するために必要な項目を書いていきます。大谷選手の場合は、たとえば「運」を真ん中にして「あいさつ」「ゴミ拾い」「審判さんへの態度」「本を読む」などの項目が並んでいます。

これは〝志の建築図面〟のようなもの。若い人はもちろんのこと、年齢を問わず、活用できます。志は変わってもOK。志を立てることが大事なのです。

体づくり	コント ロール	キレ
メンタル	ドラ1 8球団	スピード 時速 160km
人間性	運	変化球

大谷翔平選手のマンダラチャート

15

下腹部を鍛錬し勇猛心を養う

武《ぶ》術《じゅつ》の練《れん》磨《ま》、下《か》腹《ふく》部《ぶ》の鍛《たん》錬《れん》は自《し》然《ぜん》身《しん》体《たい》を健《けん》康《こう》にすると共《とも》に、著《いちじる》しく精《せい》神《しん》を陶《とう》冶《や》し、心《しん》身《しん》の一《いっ》致《ち》したる行《こう》動《どう》に熟《じゅく》し、自《じ》信《しん》を生《しょう》じ、自《みずか》ら勇《ゆう》猛《もう》心《しん》を向《こう》上《じょう》せしむるものである。

下《か》腹《ふく》部《ぶ》の鍛《たん》錬《れん》は、今《こん》日《にち》腹《ふく》式《しき》呼《こ》吸《きゅう》法《ほう》とか、静《せい》座《ざ》法《ほう》とか、息《そく》身《しん》調《ちょう》和《わ》法《ほう》とか称《しょう》して盛《さか》んに流《りゅう》行《こう》しておるが、すべて人《ひと》の常《つね》として脳《のう》へ充《じゅう》血《けつ》しやすく、自《し》然《ぜん》神《しん》経《けい》過《か》敏《びん》となって、物《もの》事《ごと》に動《どう》じやすくなるものであるが、下《か》腹《ふく》部《ぶ》に力《ちから》を籠《こ》める習《しゅう》慣《かん》を生《しょう》ずれば、心《こころ》寛《ひろ》く体《からだ》胖《ゆた》かなる人《ひと》となりて、沈《ちん》着《ちゃく》の風《ふう》を生《しょう》じ、勇《ゆう》気《き》ある人《ひと》となるのである。

最近は「胆力《たんりょく》」という言葉が、ほとんど使われなくなりました。胆力とは、ものに動じたり、臆したりしないだけの気力、エネルギーを意味します。その胆力は、おへその下の丹田《たんでん》（臍下丹田《せいか》）というところから湧いてくるとされています。

いまの若い人は頭もいいし、感じもいいし、知識を吸収する力もまぁまぁあるのですが、勇気が欠けがち。小さなことにもビビる傾向があるように見受けます。これは、胆力が弱いことの裏返しでしょう。

また神経過敏で、ちょっとしたことで頭にカーッと血がのぼって、パニックに陥る人もよく見かけます。これも胆力の弱さのせい。キモが据《す》わっていないから、気持ちが動じやすくなるのです。

そういう胆力の弱い人が増えるとチーム力は低くなります。日本は三十年来の経済的停滞に苦しんできましたが、それもネット社会への転換に勇気を出して乗りだしていかなかったことが一つの原因でしょう。変化にビビって、思いきった予算を投じなかったために、世界の時勢に乗り遅れたところがあるのではないでしょうか。

ここはひとつ、勇気を持つことの重要性を再認識し、死語となりつつある「胆力」

を現代語に復活させる必要がありそうです。

では、どうすれば勇気の源泉である「胆力」が養われるのか。

渋沢は〈肉体上の鍛錬《たんれん》〉として、呼吸で下腹部、つまり臍下丹田を鍛えることをすすめています。

何を隠そう、私はその分野の専門家。岡田虎二郎が始めた岡田式静坐《せいざ》法とか、藤田霊斎の調和道丹田呼吸法などを研究していました。

やり方はそんなに難しくありません。静かに正座して、おへその下に手を当て、鼻から軽く息を吸って、ゆっくりフーッと吐いていくだけ。その際、意識を下へ、下へと持っていくのがポイントです。

あとは日常的に、何でもおへその下で受けとめ、おへその下で判断することを心がけるといいでしょう。

頭で反応するのをやめて、思考をおへその下に持っていくことで、精神のバランスがとれます。何事にも動じない心が修養されるのです。

渋沢はもう一つ、内省的修養に努めることを推奨しています。

読書《どくしょ》の上《うえ》において、古来勇者《こらいゆうしゃ》の言行《げんこう》に私淑《ししゅく》して感化《かんか》を受《う》くるもよし。

その意味では、幕末のころの、みんなが勇気にあふれていた時代の本を読むのも一つの方法でしょう。小説でも評伝でも、勇気を持って事を成した人に、本を通して弟子入りする感覚で読むといいかと思います。

一つ、つけ加えておくと、武士だってふつうの人間と同じで、最初は〝ビビリ〟だったのです。特殊な訓練を積んで、胆力を手に入れたのです。

『葉隠《はがくれ》』という本を読むと、「子どもたちの夏の遊びはきもだめし。夜の暗闇のなか、さらし首のある刑場に行き、札《ふだ》を貼ってくるものだった」といったことが書いてあります。本物の生首ですから、江戸時代の武士の子どもだって恐ろしかったでしょう。

また少し成長してからは、切腹の介錯《かいしゃく》をさせられたそうです。誰しも、最初はビビったと思いますが、訓練するうちに慣れ、同時に胆力が養われたようです。

そう考えると、「胆力と勇気を養うには、場数を踏むことが大事」とも言えますね。

16

「何が何でも」の気概を持つ

余《よ》は十七歳《じゅうななさい》の時《とき》武士《ぶし》になりたいとの志《こころざし》を立《た》てた。

というのはその頃《ころ》の実業家《じつぎょうか》は一途《いちず》に百姓町人《ひゃくしょうちょうにん》と卑下《ひげ》されて、世《よ》の中《なか》からはほとんど人間《にんげん》以下《いか》の取扱《とりあつかい》を受《う》け

いわゆる歯牙《しが》にも掛《か》けられぬという有様《ありさま》であった。

しかして家柄《いえがら》というものが無闇《むやみ》に重《おも》んぜられ、

武門《ぶもん》に生《うま》れさえすれば智能《ちのう》のない人間《にんげん》でも、

社会《しゃかい》の上位《じょうい》を占《し》めて恣《ほしいまま》に権勢《けんせい》を張《は》ることができたのであるが、

余《よ》はそもそもこれが甚《はなは》だ癪《しゃく》に障《さわ》り、同《おな》じく人間《にんげん》と生《うま》れ出《で》た甲斐《かい》には

何《なに》が何《なん》でも武士《ぶし》にならなくては駄目《だめ》であると考《かんが》えた。

江戸時代の日本は、階級社会でした。武士・農民・職人・商人の四つの階級があり、上位から順に並べて「士農工商」と呼ばれました。学校で習いましたね。

この身分制度がある限り、武士の家に生まれたら武士、商売をしている家の子なら商人となるしかありません。職業選択の自由がなかったのです。

いまは誰もが「そんな理不尽な。ありえない」と思いますが、当時は当たり前のことと受けとめ、家業とは別の道に進むことなど発想もできない人が大半でした。そこに疑問を投げかけた一人が、現在の一万円札でお馴染《なじ》みの福沢諭吉です。

「門閥制度は親の敵《かたき》で御座《ござ》る」

『福翁《ふくおう》自伝』にこう書かれているように、福沢は、亡父が生涯、封建制度に縛られて力を発揮できず、空《むな》しく不平を呑《の》んで世を去ったことを自分のことのように悔《くや》しく思い、市民平等の文明社会をつくることに情熱を傾けつづけました。

渋沢はそんな福沢と似ているのですが、十七歳のときに「武士になりたい」という志を立てたというのがおもしろいところ。武士はなりたくてなれるものではないのに、〈同じく人間と生れ出た甲斐には何が何でも武士にならなくては駄目であると考えた〉、そこが見事！　それで農民から一橋家《ひとつばしけ》に召し抱えられて、本当に武士になったのですから、二重にお見事です。

もっとも家は豪農で、幼いころから大いに勉強したし、剣術の修業もしました。郷里を離れて流浪《るろう》の旅に出たこともあれば、一時は幕府を転覆しようと目論《もくろ》んだこともあります。それは周囲に止められた、なんて経緯もあって、江戸遊学中に知りあった一橋家家臣の推挙で、一橋慶喜《よしのぶ》に仕えることになったのです。

ともあれみなさんには、「武士になりたい」という、当時の人から見れば荒唐無稽《こうとうむけい》な夢としか思えないような志を立てた渋沢の、「何が何でも」という気概を受けとめていただきたいところです。

◆文句を言う暇があったら努力しなさい

いまは身分制度こそないものの、自分の境遇に不平不満を洩《も》らす人はいます。

「貧乏な家に生まれてしまったから、ろくな教育を受けられない」

「一流企業に入りたくても、コネがないからどうにもならない」

「大した学歴がないために、やりたい仕事をやらせてもらえない」

「稼ぎが少なくて、生活するのが精いっぱい。少しも贅沢《ぜいたく》ができない」

など、自分の不遇を半ば社会のせいにしている人のなんと多いことか。

気持ちはわかりますが、あきらめたらおしまい。渋沢を倣《なら》って、〝身分違いの志〟を立て、一心不乱に勉強するのが一番です。

「武士にならねば」の覚悟で勉強すれば、国立大学に進めます。奨学金という制度もあります。いわゆる「大学無償化法」が成立し、低所得世帯への入学金・授業料の減免や返済不要の給付金型奨学金が拡充されます。奨学金という名の借金に苦しめられたこれまでとは違い、お金をかけずに勉強できる環境が整いつつあります。

そうしてちゃんと勉強してきた人は、優良企業に採用されます。気がついたら、年収が非常に高いところに勤めていた、みたいなこともありえます。こんなふうに「勉強で立身出世する」と信じて努力するのは、意外といいと思いますね。

そう聞いていま、「そんなにうまくいくもんか」と反発したとしたら「何が何でも」の精神がまだまだ弱いと言わざるをえません。渋沢に叱られますよ。

17

常識人か否かを「知・仁・勇」でチェック

およそ人《ひと》として世《よ》に処《しょ》するに際《さい》し、常識《じょうしき》はいずれの地位《ちい》にも必要《ひつよう》で、またいずれの場合《ばあい》にも欠《か》けてはならぬことである。

しからば常識《じょうしき》とはいかなるものであろうか。

余《よ》は次《つぎ》のごとく解釈《かいしゃく》する。すなわち事《こと》に当《あた》りて奇矯《ききょう》に馳《は》せず、頑固《がんこ》に陥《おちい》らず、ぜひ善悪《ぜんあく》を見《み》わけ、利害得失《りがいとくしつ》を識別《しきべつ》し、言語挙動《げんごきょどう》すべて中庸《ちゅうよう》に適《かな》うものがそれである。

これを学理的《がくりてき》に解釈《かいしゃく》すれば「智《ち》、情《じょう》、意《い》」の三者《さんしゃ》が各々《おのおの》権衡《けんこう》を保《たも》ち、平等《びょうどう》に発達《はったつ》したものが完全《かんぜん》の常識《じょうしき》だろうと考《かんが》える。更《さら》に換言《かんげん》すれば、普通一般《ふつういっぱん》の人情《にんじょう》に通《つう》じ、よく通俗《つうぞく》の事理《じり》を解《かい》し適宜《てきぎ》の処置《しょち》を取《と》りうる能力《のうりょく》がすなわちそれである。

ここは「常識は大事だ」という話です。

よく「常識を打ち破れ」とか「常識は疑ってかかれ」とか言われますが、それは新しいアイデアを出すときのこと。いろいろな人と交流しながら、ふつうに生活していく場面では、常識的に考えて行動することが求められます。突拍子もない言動は「和」をみだす元になりますからね。

渋沢が定義する「常識」は、ひと言で言うなら〝中庸《ちゅうよう》〟を行くこと。極端に走らず、頑固すぎず、善悪の見わけがつき、メリット・デメリットを識別し、言動がすべてにおいて偏《かたよ》りのないことです。

それはとりもなおさず、「智・情・意」の三つのバランスがとれていることだと、渋沢は言います。

智は知恵、判断力。

情は感情。

意は意志。

たとえば「知恵者で行動力もあるんだけど、性格が冷たい」「情は深いけど、判断力も行動力もない」「頭は回らないし、性格は悪いし、意志も弱い」など、「智・情・意」のバランスが一つでも崩れていると、「常識がある人」とは言えない。渋沢はそんなふうに見ています。

少々ハードルが高いと感じるかもしれませんが、ようは三つの資質を備えていることがポイント。そこそこのレベルであっても、三つを揃《そろ》えることを意識して、磨いていけば、「完全なる常識人」への道が開けます。

ところで渋沢の言う「智・情・意」は、論語では「知・仁・勇」に相当するというのが私の考えです。

孔子《こうし》はこの三つを人間性の柱にして、バランスをとって行動するよう心がけると、人生も仕事もうまくいくとしています。その理由を最も端的に表わしているのが、この言葉でしょう。

知者《ちしゃ》は惑《まど》わず、仁者《じんしゃ》は憂《うれ》えず、勇者《ゆうしゃ》は懼《おそ》れず。

いろいろな知識が頭のなかできちんと整理されていて、論理的に話すことのできる人は、判断に迷うことがない。

思いやりの深く、人格の優れた人は、いつも誠実で、人に対して寛容なので、うまくいかないことがあっても悩まない。

勇気をふるって行動を起こすことのできる人は、何があってもビクビクしない。

これら「知・仁・勇」はとても大事なことなので、自分にどれかが欠けていないか、バランスがとれているかを、折にふれてチェックしましょう。

実は私、そのための画期的な方法を開発しました。

「知、大丈夫か？」と言って、おでこに手を当てる。

「仁、大丈夫か？」と言って、胸に手を当てる。

「勇、大丈夫か？」と言って、お腹（臍下丹田《せいかたんでん》）に手を当てる。

この三つの動作を数回くり返せばＯＫです。

孔子以来二千五百年を経《へ》て、「知・仁・勇」を身体論的に昇華させた、そう私は自負しています。ぜひ、体操をするように、やってみてください。

18

発言の良し悪しは「心」しだい

口舌《こうぜつ》は実《じつ》に禍《わざわ》いの起《おこ》る門《もん》でもあるが、
また福祉《ふくし》の生《しょう》ずる門《もん》でもある。

ゆえに福祉《ふくし》のくる為《ため》には多弁《たべん》敢《あえ》て悪《わる》いとは言《い》われぬが、禍《わざわ》いの起《おこ》る所《ところ》に向《む》っては言語《げんご》を慎《つつし》まねばならぬ。片言隻語《へんげんせきご》といえども、決《け》してこれを妄《みだ》りにせず、禍福《かふく》の分《わか》るる所《ところ》を考《かんが》えてするということは、何人《なんびと》に取《と》っても忘《わす》れてはならぬ心得《こころえ》であろうと思《おも》う。

「調子に乗って、つい言いすぎた」
「うっかり口がすべって、言ってはいけないことを言ってしまった」
「リップサービスのつもりだったのに、ウソをついたことになってしまった」

たいていの人には失言がらみで「こんなはずではなかった」というような禍《わざわ》いを招き、後悔をした覚えがあるでしょう。とりわけ口数の多い人、口の軽い人ならなおさらのこと、身をもって「口は禍いの門」であることを経験しているのではないかと思います。

しかし「だったら口が重いほうがいいのか。無口が一番なのか。口を開かなければ、禍いを招かずにすむのか」というと、そうも言いきれないものがあります。渋沢自身、〈余《よ》は平素多弁の方で、よくいろいろの場合に口を出し、あるいは演説なぞも所嫌わず頼まれればやるので、知らず知らず言い過ぎることなぞあって、人からしばしば揚《あげ》足《あし》を取られたり、笑われたりすることがある〉と自ら多弁であることの禍いを認めながら、だからといって〈無言もまた珍重すべきものではない〉としています。

その理由は、言葉を尽くさなければ意思の疎通もできない。自分の考えを伝えられないままに、事がうやむやになる恐れもあるからです。しかも、禍いどころか、福を招くこともあると、渋沢は言います。

〈ちょっと口を開いたために、人の困難な場合を救ってやることができたとか、あるいはよく喋《しゃべ》ることが好きだから、何かのことにあの人を頼んで口をきいて貰《もら》ったらよろしかろうと頼まれて、物事の調停をしてやったとか、あるいは口舌《こうぜつ》のあるために種々の仕事を見出《みいだ》すことができたとかいうように、すべて口舌が無《な》かったら、それらの福は来るものでないと思う〉

そうした考えから出た、渋沢の格言のようなかっこいい台詞《せりふ》があります。

〈口は禍福《かふく》の門なり〉――。

ようするに口数についても、中庸《ちゅうよう》がいいということです。

それにつけ近年、残念に思うのは、政治家をはじめ影響力の強い人たちに非常に失言が目立つことです。彼らは多弁というより、うっかり洩《も》らした本音が問題。〝心にもあること〟が人を傷つけたり、社会を混乱させたりするということは、そういう本音を隠し持っている心が問題だという見方ができます。

渋沢は「余はひとたび口にして言う以上は、必ず心にもないことは言わぬという主義である」とキッパリ。たとえ世間から揚足を取られたり、笑われたりするような発言であったとしても、自分の信じるところを曲げてはいないのです。

現代の〝失言者〟には、言葉選びに問題がある場合も多いように見受けます。語彙《ごい》力《りょく》が足りないために、自分の伝えたいこととは違う言葉をセレクトしてしまうんですね。責任ある立場の人はとくに、豊かな語彙力に支えられた適切な言葉選びを心がけるべきでしょう。

それともう一つ、SNS時代になると、書き言葉にも注意が必要です。書き言葉というのはどうしても、話し言葉よりきつい印象を与えるものです。ふつうに書いたつもりでも、「冷たい人だな」「感じ悪いな」と思われることが多々あるのです。

たとえばトークイベントか何かで笑いが起こった場面があったとして、それをツイッターで文字にして伝えると、全然笑えない話になるとか。書き言葉は後々残るものでもありますから、誤解を生むような言葉はムリして使わないほうが無難でしょう。

19

相手を選ばず人に会う

悪《あく》人《にん》必《かなら》ずしも悪《あく》に終《お》わるものでなく、善《ぜん》人《にん》必《かなら》ずしも善《ぜん》を遂《と》げるものとも限《かぎ》らぬから、悪《あく》人《にん》を悪《あく》人《にん》として憎《にく》まず、できるものならその人《ひと》を善《ぜん》に導《みちび》いてやりたいと考《かんが》え、最《さい》初《しょ》より悪《あく》人《にん》たることを知《し》りつつ世《せ》話《わ》してやることもある。

渋沢は五百もの会社をつくった人ですから、忙しいに決まっています。尋常な忙しさではなかったはず。なのに人が訪ねてくると、必ず面会したといいます。それを、〈門戸開放主義〉と称して、相手がたとえ評判の悪い人であったとしても、悪人だからと憎まず、拒《こば》まず、できれば善に導いてやりたいと考えて世話をしたこともあるというのですから、心が広いですね。

もっとも、困ることもあった様子。こんなことが書かれています。

〈しかるに余がこの門戸開放主義につけ込んで、非理を要求して来る人があって困る。例えば、見ず知らずの人から生活上の経費を貸してくれと申込まれたり、あるいは親が身代不如意《ふにょい》のため、自分は中途から学資を絶たれて困るから、今後何年間学資の補助を仰ぎたいとか、またはかくかくの新発明をしたから、この事業を成立させるまで助勢を乞うとか、はなはだしきに至っては、これこれの商売を始めたいから資本を入れてくれとか、ほとんどこの種の手紙が月々何十通となく舞い込んで来る。余はその表面に自己の宛名《あてな》がある以上、必ずそれを読むの義務があると思うので、そういう手紙の来るごとに、きっと目を通すことにしている〉

お人好しにもほどがあるという感じですが、「相手が誰であろうと話は聞く、相談には乗る」のが渋沢の主義だったのです。もちろん道理のない希望・要求については、可能な限りそれが非理であることを説いて断ったそうですが。

いまの時代、たとえばアイドルの握手会で傷害事件が起きるなど、どこに危険な人が潜んでいるかわからないので、渋沢ほどの〈門戸開放主義〉を見習うのは難しいところもあるでしょう。

それでも人の相談に乗ったり、世話をしたりするのにウンザリしたときなど、冒頭の一文を音読していただくといいかと思います。「渋沢ほどの忙しさを思えば……」というような気持ちになれるかと思います。

◆おせっかい度を上げる

いまの世の中は、渋沢の時代にくらべると、人間関係がずいぶんクールになった感があります。いや、私が子どものころ、昭和三十年代～四十年代にくらべても、人の世話をやくことが格段に減っているように思います。うちの実家にも、生活に困っている人などがよく相談に来ていたものですが、そんな光景はとんとなくなりました。

このことは実は非婚率にも関係しているのではないかと、私は睨《にら》んでいます。というのも昭和のころは、近所に必ず〝世話やきおばさん〟がいて、お見合いの世話をしてくれたからです。

年ごろの息子・娘がいる家のことは全部、把握していて、「あそこんちの子と、こんちの子は合いそうだ」みたいな見立てをして、お見合いをセッティングしてくれるわけです。

いまは「出会いがないままに、気づいたら結婚しそびれた」という男女も多かろうと思うので、世間の方々にはぜひ、持ち前の〝おせっかい度〟を上げていただきたいところです。

お見合いに限らず、「困っている人を助ける」という部分でも、安全だと思われる人に対しては積極的に声をかけていくといいかと思います。渋沢も喜ぶでしょう。

20

習慣と人格は一心同体

由来《ゆらい》習慣《しゅうかん》とは人の平生《へいぜい》に於《お》ける所作《しょさ》が重《かさ》なりて
一《ひと》つの固有性《こゆうせい》となるものであるから、
それが自《みずか》ら心《こころ》にも働《はたら》きにも影響《えいきょう》を及《およ》ぼし、
悪《わる》いことの習慣《しゅうかん》を多《おお》く持《も》つものは悪人《あくにん》となり、
良《よ》いことの習慣《しゅうかん》を多《おお》くつけている人《ひと》は
善人《ぜんにん》となると言《い》ったように、
遂《つい》にはその人《ひと》の人格《じんかく》にも関係《かんけい》してくるものである。
ゆえに何人《なんびと》も平素《へいそ》心《こころ》して良習慣《りょうしゅうかん》を養《やしな》うことは、
人《ひと》として世《よ》に処《しょ》する上《うえ》に大切《たいせつ》なことであろう。

渋沢が言いたいのはようするに「日々、良い習慣を重ねる人は善人となり、悪い習慣を身につけた人は悪人になる」ということです。

数式にすれば、「習慣の束＝人格」といったところでしょうか。

となれば、習慣というのはおろそかにはできませんね。

渋沢はまた、良い習慣をつけるには、少年時代が大切だと言っています。

〈一度《ひとたび》習慣となったなら、それは固有性となって終生変《しゅうせいかわ》ることはないのみならず、幼少の頃から青年期を通じては、非常に習慣のつき易《やす》い時である〉から、この時期を逃さずに良い習慣をつけたほうがいいとしています。

ただ渋沢自身は、〈青年時代に家出して天下を流浪《るろう》し、比較的放縦な生活をしたことが習慣となって、後年まで悪習慣が直らなくて困った〉とか。それでも大部分は矯《きょう》正《せい》できたらしいのですが、かなり大変だったのでしょう。

〈悪いと知りつつ改められぬのは、つまり克己心《こっきしん》の足らぬのである〉と手厳しい。

また、青年時代の悪習慣というのはなかなか抜けないものですが、〈老後の今日に至って努力すれば改められるものである〉と言っています。

そんな渋沢の前では、「長年の習慣で身に染みついちゃってるから、悪いとはわかっているけど、もうムリだよ」なんて甘えは許してもらえそうもありませんね。

◆身につけるべき習慣を二週間で見きわめる

渋沢が言っていることではありませんが、私からつけ加えたいことが一つあります。それは「身につけるべき習慣が、自分に合っているかどうかを見きわめる必要がある」ということです。なぜなら、一般的に良いとされている習慣でも、自分に合うかどうかは別の問題だからです。

たとえば「早起き勉強法」というのがあります。「これはいい」と、六時に起床して出社前の一時間半くらいを法律の勉強にあてた教え子がいます。「すごくはかどります」と喜んでいて、しばらくしたら「司法試験に受かりました」と連絡が来ました。「恐るべし、習慣力!」と驚きましたが、これは私にはムリ。彼と違って、朝早く起きることが、体質的に合わないからです。それよりも夜のほうが、私にとっては勉強のゴールデンタイムなんですね。

このように「やってみるまでもなく、自分には合わない」とわかるものは別にして、合うかどうかがわからないものについては「とりあえず二週間やってみて、自分に合っているか、続けられそうかどうか」を見きわめるといいと思います。

私も最近、自分に合った非常に良い習慣を手に入れました。それは、「ジムでエアロバイクを漕《こ》ぎながら、本を読む」というもの。もともとゲーム性のない運動は好きではなかったのですが、本を読みながらなら、最初から軽く三十分くらい漕げました。

エアロバイクは膝を痛めない、健康にいい運動だし、そのジムのマシンはちょっと寄りかかれるようになっていて、読書するのに最適のタイプなので、とても私向きだったのです。いまではイヤホンで音楽を聞きながら、本を読みながら、週三回、一時間ほどエアロバイクを漕いでいい汗をかいています。このいい習慣が心身の健康づくりにつながると期待しながら。

21

目指すべきは「常識人」

完《まった》き人《ひと》は、智《ち》情《じょう》意《い》の三《さん》者《しゃ》が円《えん》満《まん》に具《ぐ》足《そく》した者《もの》、
すなわち常《じょう》識《しき》の人《ひと》である。
余《よ》はもちろん偉《えら》い人《ひと》の輩《はい》出《しゅつ》を希《き》望《ぼう》するのであるけれども、
社《しゃ》会《かい》の多《た》数《すう》人《にん》に対《たい》する希《き》望《ぼう》としては、
むしろ**完《まった》き人《ひと》の世《よ》に限《くま》なく充《み》たんことを欲《ほっ》する。**
つまり常《じょう》識《しき》の人《ひと》の多《おお》からんことを要《よう》望《ぼう》する次《し》第《だい》である。
偉《えら》い人《ひと》の用《よう》途《と》は無《む》限《げん》とは言《い》えぬが、
完《まった》き人《ひと》ならいくらでも必《ひつ》要《よう》な世《よ》の中《なか》である。

ここでおもしろいのは、〈偉き人〉と〈完《まった》き人〉は違うとしているところです。渋沢の言う〈偉き人〉とは、非凡な才能の持ち主。突出した才能があって、でも「智・情・意」のバランスが悪い人たちです。智・情・意は前にも出てきましたね。忘れてしまった人は82ページを参照してください。

その〈偉き人〉について、渋沢はこう言っています。

> 史乗《しじょう》などに見《み》ゆるところの英雄豪傑《えいゆうごうけつ》には、とかく智情意《ちじょうい》の三者《さんしゃ》の権衡《けんこう》を失《しっ》した者《もの》が多《おお》いようである。すなわち意志《いし》が非常《ひじょう》に強《つよ》かったけれども智識《ちしき》が足《た》りなかったとか、意志《いし》と智恵《ちえ》とは揃《そろ》っていたが、情愛《じょうあい》に乏《とぼ》しかったとかいうがごとき性格《せいかく》は、かれらの間《あいだ》にいくらもあった。

渋沢はそういう〈偉き人〉が輩出されることを望んではいるものの、使い道が限られてくるので、特殊な場合を除いては不要だといいます。

では〈完き人〉はというと、智・情・意のバランスのとれた常識人のことです。

イメージとしては丸い感じ。言葉からは「完全無欠」をイメージするかもしれませんが、そこまでではなくて、智・情・意それぞれの発達レベルが同じくらいで、人によって大きさは異なるけれど、とりあえず円が描ける、といったところです。

そして社会の大多数の人に対して、そういう〈完き人〉を目指すことを望んでいます。「常識人が世の中にあふれていることが理想。いまの世の中は、常識人がいくらでも必要だ」と言うのです。

これを聞くと、若い人たちは少々物足りなさを感じるでしょうか。血気盛んなころは多くが平凡を嫌い、非凡を好むからです。これに関して渋沢は、こう述べています。

> いわんや社会《しゃかい》の実際《じっさい》に徴《ちょう》するに、政治界《せいじかい》でも、産業界《さんぎょうかい》でも、深奥《しんおう》なる学識《がくしき》というよりは、むしろ健全《けんぜん》なる常識《じょうしき》ある人《ひと》によって支配《しはい》されているを見《み》れば、常識《じょうしき》の偉大《いだい》なることは言《い》うまでもないのである。

◆特別な才能がなくても仕事はある

渋沢の言うとおり社会を回しているのは、ひと握りの非凡な人ではなく、大多数の凡人です。

そうである以上、凡人のなかに智・情・意の三拍子の揃《そろ》った〈完き人〉の割合の多いことが理想的でしょう。何かに突出した才能のある人は、わざわざ会社員にならずに、その才能で身を立てる道を進めばいいのです。

特別な才能がなくても仕事はある、そこが社会のいいところ。簡単に言えば、

「会社に勤めるのに、特別な才能はいらない。ただ智・情・意のバランスのとれた常識人であってほしい。そうであればこそ、会社は非凡な業績を達成できる」

ということです。

〈この平凡な常識を修養せよ〉という渋沢のメッセージを素直に受けとめようではありませんか。

22

その親切、「ありがた迷惑」かも

志《こころざし》においては飽《あ》くまで人《ひと》のためになれかしと思《おも》っていても、その所作《しょさ》が人《ひと》の害《がい》となるようでは善《ぜん》行《こう》と言《い》われぬ。昔《むかし》の小《しょう》学《がく》読《どく》本《ほん》に、「親《しん》切《せつ》のかえって不《ふ》親《しん》切《せつ》になりし話《はなし》」と題《だい》して、雛《ひな》が孵《ふ》化《か》せんとして卵《たまご》の殻《から》から離《はな》れずに困《こま》っておるのを見《み》て、親《しん》切《せつ》な子《こ》供《ども》が殻《から》を剥《む》いてやったところが、かえって死《し》んでしまったという話《はなし》がある。

「小さな親切、大きなお世話」

自分では親切心からやったつもりのことでも、相手から「よけいなお世話だよ。放っておいてくれ」とイヤがられることは多々あります。

あるいは下心があって親切にすると、すぐに「親切ごかし」だとバレて、自分の評価を下げることもよくあります。

人に親切にするというのは、だから意外と難しいものなのです。

相手によかれと手助けしたくなることがあったら、可能な範囲で相手にその手助けが必要かどうかを尋ねてみるのも一つの方法でしょう。

誰かに親切にするときには、それが〝親切の押し売り〟にならないかどうかをよく考える必要がありそうです。

◆過保護は一種の「いらぬ世話」

ここで渋沢は、雛《ひな》が孵《ふ》化《か》するときの話を引いています。その雛がなかなか殻《から》を破れない。その様子を見ていた子どもが、手助けをしようと殻をむいてあげたんですね。

そうしたら雛が死んでしまったというのです。

子どもの目には、雛が困っているように映ったのでしょう。でも雛にしてみれば、自力で殻を破れるかどうかが生死の分かれ目。大きなお世話だったのです。

こういうことはいまもよくあります。その典型が、近年、増加の一途をたどっている過保護なお母さんでしょう。

たとえば幼い子を遊ばせていても、転ぶといけないからと、リスクを全部先回りして取り除いてあげるとか、それでも転んでしまったら、すぐに抱きあげて手当てをするとか。これが高じると、転ばないよう、外で遊ばせないようにすることになってしまいかねません。

結果、どうなるか。一人で歩いたり、走ったりする場面があると、自分でリスクを回避できず、しかもケガをしないように転ぶノウハウも経験的に学んでいないために、簡単に転んで大ケガをしてしまう子どもになります。

実際、裸足で鬼ごっこをさせたら、転んで骨折したなんて子どももいるようです。過保護のあまり、鬼ごっこすらもできない体になってしまったのかと暗澹《あんたん》たる思いがします。

ここのところ問題になっているのは、アレルギーになる子どもが多いことです。原因はさまざまですが、一つに「ふだん、あまりにきれいな、菌のない状態のなかで育てることが、アレルギーに弱い体質にさせている」とも言われています。

本来、世の中は無数の雑菌にあふれています。それらにある程度ふれておくことが、逆に雑菌予防につながるわけです。雑菌から子どもの身を守ってあげることが、逆に雑菌の危険にさらすことになる場合もあるということです。

社会人も同じです。上司の立場にある人は若い部下の成長を思うなら、あまり面倒をみすぎるのはよくないですね。危なっかしくて見ていられないから上司が自分でやるというのは、親切ではなく、大きなお世話。ある程度任せて見守ってあげることが大切です。部下を独り立ちさせることは上司の務めなのですから。

子どもにしろ、部下にしろ、本当に成長を望むなら、渋沢の言う〈親切らしき不親切〉は無用。「不親切らしき親切」を心がけましょう。

23

仁義道徳が築く「win-winの関係」

利《り》を図《はか》るということと、仁義道徳《じんぎどうとく》たる所《ところ》の道理《どうり》を重《おも》んずるという事《こと》は、並《なら》び立《た》って相異《あいこと》ならん程度《ていど》において始《はじ》めて国家《こっか》は健全《けんぜん》に発達《はったつ》し、個人《こじん》はおのおのそのよろしきを得《え》て富《と》んで行《ゆ》くというものになるのである。

この項で渋沢は、「利己主義はダメだ。自分だけが得しようとするのはダメだ」と言っています。その理由を次のようにわかりやすく示しています。

例《たと》えば鉄道《てつどう》の改札場《かいさつば》を通《とお》ろうと言《い》うに、狭《せま》い場所《ばしょ》を己《おの》れさえ先《さき》へ通《とお》ろうと皆思《みなおも》ったならば、誰《だれ》も通《とお》ることができぬありさまになって、共《とも》に困難《こんなん》に陥《おちい》る、近《ちか》い例《れい》を言《い》うと、己《おの》れをのみという考《かんが》えが、己《おの》れ自身《じしん》の利《り》をも進《すす》めることができぬというは、この一事《いちじ》に徴《ちょう》しても分《わか》るだろうと思《おも》うのである。

こういう感覚は、現代人の身にも染みついているのではないでしょうか。並ばなければいけないときはちゃんと整然と並び、われ先にと入り口に突進するようなふるまいはしたないと思うくらいの分別は備わっています。

その点は心配ないとして、ビジネスではどうでしょうか。

ビジネス界ではよく、「win-winの関係を目指そう」と言います。

これは、利益が相反《あい》する相手とでも、いたずらに競争し、反目しあうのではなく、

「お互いにメリットのあるやり方を模索していきましょう」

という方向で共存共栄をはかる考え方です。

最近は、たとえばライバル企業同士が互いの強みを補完しあうとか、一部業務を共同することで両社の利益率を上げるなど、さまざまな視点から、どうすればwin-winの関係が築けるかを模索するケースが増えています。

というと、何か新しい考え方のようですが、渋沢の説く「利と仁義道徳の共存」は、まさにwin-winの関係を築くことを意味するのです。きわめつけのひと言がこれ。

己《おの》れ自身《じしん》の利欲《りよく》によって働《はたら》くは俗《ぞく》である。仁義道徳《じんぎどうとく》に欠《か》けると、世《よ》の中《なか》の仕事《しごと》というものは、段々衰微《だんだんすいび》してしまうのである。

企業の栄枯盛衰を見ると、この渋沢論の正しさがいっそう実感されます。

会社を大きく成長させ、事業で大成功を収めたにもかかわらず、自分だけが儲《もう》けようと欲張って不正を働き、失脚していった、世に〝怪物経営者〟と称された傑物《けつぶつ》がなんと多かったことか。

スケールの違いはあれども、一般ビジネスマンだって同じ。自社の利益ばかり主張していると、信用を失います。

たとえば金額の交渉で、「この仕事を百万円でお願いします」と依頼されたとします。「払えないなぁ」と思ったら、その場で値引き交渉をしなくてはいけません。

それを「はい、わかりました」と受けてきて、払う段になってから、「すみません、ちょっと事業が不振で、八十万円で勘弁してくれませんか?」と言ったらどうでしょうか。当然、信用を失います。次の取引もなくなるでしょう。

どんな小さなことでも、ビジネスにおいては約束を守らなかったら終わり。仁義道徳を欠く行為をした瞬間に、利益は逃げていくのです。

24

行いが道理にかなっていれば富は得られる

論語《ろんご》の中《なか》に
「富《とみ》と貴《たつとき》とはこれ人《ひと》の欲《ほっ》する所《ところ》なり。
其《そ》の道《みち》を以《もっ》てせずして之《これ》を得《え》れば処《お》らざるなり。
貧《ひん》と賤《せん》とはこれ人《ひと》の悪《にく》む所《ところ》なり。
その道《みち》を以《もっ》てせずして之《これ》を得《え》れば去《さ》らざるなり」
という句《く》がある。（中略）孔子《こうし》の言《い》わんと欲《ほっ》する所《ところ》は、
道理《どうり》をもった富貴《ふうき》でなければ、むしろ貧賤《ひんせん》の方《ほう》がよいが、
もし正《ただ》しい道理《どうり》を踏《ふ》んで得《え》たる富貴《ふうき》ならば
あえて差支《さしつかえ》ないとの意《い》である。

論語には、お金儲《もう》けを推奨するような言葉は見当たりません。かといって、「悪い」とも言っていません。

では孔子は、富貴と貧賤《ひんせん》について、どのように考えていたのでしょうか。

それがわかるのが、この〈富と貴《たっと》きとはこれ人の欲《ほっ》する所なり〉以下のくだり。孔子の人間味を感じさせるところでもあります。

孔子も、「貧しい生活などしたくない。社会的地位だって、低いよりは高いほうがいい」という望みは自然なことと考えていました。

ところが世間では、「孔子は富貴を厭悪《けんお》した」と誤解しているフシがある。だから渋沢がここで正そうと試みたわけです。

「正しい道理を踏んで得た富貴ならばいい。そうではなくて、道からはずれたことをして富を得たのであれば、むしろ貧賤のほうがいい。孔子はそう言っている」

というのが渋沢の解釈です。

つまり富貴・貧賤というのは表層的な現象であって、大事なのは道理を踏んだ行いをして得たものであるかどうか。

富貴・貧賤というのは単なる結果であり、そうなった手段をこそ問うべきだということです。

わかりやすい例で言えば、昨今頻発する詐欺まがいの悪徳商法でどんなに金持ちになったとしても、人をだまして手に入れたお金ですから、それは道理にもとる行為。そんな富に何の価値もないのです。

◆法律的にＯＫでは不充分

道を踏んだ行為かどうかは、法律では判断しづらいものがあります。なぜなら〝法律に照らしあわせてギリギリＯＫ〟のラインで仕事をしている人は、一歩間違えると塀のなかに転がり落ちる可能性が高いですね。

よしんば犯罪を免れたとしても、〝限りなく黒に近いグレーゾーン〟となると、道理を踏んでいるとは言い難いと思うのです。

最近もさるグローバル企業のＣＥＯが、自身の報酬を有価証券報告書に過少申告した疑いで逮捕され、本人は最強の弁護士とタッグを組んで「法律に違反するようなことは何もしていない」と主張していました。

事の真相はわかりませんが、見ているほうとしては「法律ギリギリならセーフなの？　道義上、どうなの？」と思わざるをえません。この方は大金持ちですが、孔子や渋沢の言うレベルで道理を踏んでいないとしたら、そんな富貴は手にするべきではなかったということになります。

レベル的に、「道理」は「法律」よりずっと高いもの。道理を踏んだ行為であれば、自《おの》ずと法律にもかなっているはず。人として遵守するべきはつまり、法律より道理なのです。

25

金持ちは社会に恩返しするべし

今時《いまどき》の富豪《ふごう》はとかく引込《ひっこみ》思案《じあん》ばかりして、社会《しゃかい》の事《こと》には誠《まこと》に冷淡《れいたん》で困《こま》るが、富豪《ふごう》といえど自分《じぶん》独《ひと》りで儲《もう》かった訳《わけ》ではない。（中略）自分《じぶん》のかく分限者《ぶげんしゃ》になれたのも、一《ひと》つは社会《しゃかい》の恩《おん》だということを自覚《じかく》し、社会《しゃかい》の救済《きゅうさい》だとか、公共《こうきょう》事業《じぎょう》だとかいうものに対し、常《つね》に卒先《そっせん》して尽《つく》すようにすれば、社会《しゃかい》は倍々《ますます》健全《けんぜん》になる。それと同時《どうじ》に自分《じぶん》の資産《しさん》運用《うんよう》も益々《ますます》健実《けんじつ》になる。

金持ちが積極的に社会的な活動に取り組まないことを、渋沢は〈引込思案《ひっこみじあん》〉と皮肉っています。

「自分が努力して儲《もう》けたとはいえ、ひとりの力ではあるまい。社会に儲けさせてもらったところもあるんだから、恩返ししてもいいんじゃないのか?」

というのが渋沢の考えです。

フランスでは昔から「ノーブレス・オブリージュ」といって、「地位の高い人は社会に対して道徳的・精神的義務がある」とされていました。つまり「富裕層は慈善事業に積極的に取り組んで当たり前」という空気があるのです。

日本の金持ちはその意識が比較的低いと言われていて、渋沢はそれを嘆いていたのでしょう。

もっともいまの日本にも、京セラ・第二電電(現・KDDI)を創業した稲盛和夫氏のように、「私が頂戴した富は、稲盛和夫という男が社会から預からせていただいたものだ。なるべく早く社会へ還元していこう」と考える方もおられます。残念ながら、少数派と言わざるをえませんが。

一方で世界に目を向けると、「世界の富の八二％が一％の富裕層に集中している」というのが現実（国際ＮＧＯ「オックスファム」が試算し、二〇一八年一月に発表）。また「世界で最も裕福な二十六人の資産の合計が、経済的に恵まれない世界人口の下位半分（約三十八億人）の資産合計とほぼ同じ」という報告もあります（同二〇一九年一月に発表）。

ということは、もしこの上位二十六人の富裕層が恵まれない人たちにバンと寄付すれば、それだけで格差はかなり少なくなる計算になります。

事はそう単純ではないでしょうけど、いまの格差は大きすぎます。富の社会への還元とあわせて考えなくてはならない問題と言えそうです。

ところで渋沢自身は、富をどのような社会活動に投じていたのでしょうか。この項の最後に、その一端を示す文章があります。音読向きの文章ではありませんが、おもしろいので紹介しておきましょう。

現《げん》に私共《わたしども》がお先棒《さきぼう》になって明治神宮《めいじじんぐう》の外苑建設《がいえんけんせつ》を企画《きかく》しておりますが、これは代々木《よよぎ》か青山辺《あおやまあたり》の明治神宮《めいじじんぐう》の外苑《がいえん》として、広大《こうだい》なる公園様《こうえんよう》のものを造《つく》り、帝国《ていこく》中興《ちゅうこう》の英主《えいしゅ》なる先帝《せんてい》の御遺徳《ごいとく》を永《なが》く後昆《こうこん》に伝《つた》うべき記念図書館《きねんとしょかん》、若《も》しくは各種教《かくしゅきょう》育的娯楽機関《いくてきごらくきかん》を造《つく》りたいというのが趣意《しゅい》で、約四百万円《やくしひゃくまんえん》の費用《ひよう》を要《よう》する見込《みこみ》である。かかる企《くわだて》は社会教育《しゃかいきょういく》の上《うえ》から見《み》て誠《まこと》に適切《てきせつ》なる事業《じぎょう》だと信《しん》ずるのであるが、さてこれだけの費用《ひよう》を寄《よ》せるには容易《ようい》でない。こういう場合《ばあい》には岩崎《いわさき》さん（三菱財閥）や三井《みつい》さん（三井財閥）に是非《ぜひ》ひと奮発《ふんぱつ》して貰《もら》わなければならぬが、それと同時《どうじ》に世《よ》の大方富豪《おおかたふごう》が社会《しゃかい》に対《たい》する徳義上《とくぎじょう》の義務《ぎむ》として、常《つね》に公共事業《こうきょうじぎょう》に尽《つく》されんことを望《のぞ》むのである。

渋沢の声かけがあって、集められた富豪のお金が神宮外苑になり、銀杏《いちょう》並木になり、さらに国立競技場もできて、国民の財産として形成されたのです。感慨深いものがあります。と同時に、富裕な人への感謝の気持ちも湧こうというものです。

26

よく稼ぎ、よく使え

しかるに世《よ》には貴《たっと》ぶということを曲解《きょっかい》して、ただ無暗《むやみ》にこれを吝《おし》む人がある。真《まこと》に注意《ちゅうい》せねばならぬことである。金《かね》に対《たい》して戒《いまし》むべきは濫費《らんぴ》であると同時《どうじ》に、注意《ちゅうい》すべきは吝嗇《りんしょく》である。

よく集《あつ》むるを知《し》りてよく散《さん》ずることを知《し》らねば、その極《きょく》、守銭奴《しゅせんど》となるから、今日《こんにち》の青年《せいねん》は濫費者《らんぴしゃ》とならざらんことを勉《つと》むると同時《どうじ》に、守銭奴《しゅせんど》とならぬように注意《ちゅうい》せねばならぬのである。

「金は天下の回りもの」とはよく言ったもの。渋沢流に言うと、

「よく集むるを知りてよく散ずることを知る」

のが、天下にお金を回して、みんなが潤《うるお》うようにするポイントです。

その意味では、稼いだお金を自分の手許《てもと》に貯《た》めこんで使わない「吝嗇家《りんしょくか》（ケチ）」も、ムダ使いが高じて稼ぎが不足し、使うお金に困るような「濫費者《らんぴしゃ》」もダメ。天下のお金の循環を妨げる悪行《あくぎょう》とすら言えるのです。

税金というのは本来、国民が稼いだお金を集めて、生活が困難な人を援助することも含めて、社会をより良くするために使われるものです。その際、たくさん稼いだ人ほど税率が高くなる「累進課税」方式が取られ、格差のバランスをとるのが一般です。ところが近年は、ピケティの『21世紀の資本』が示したように、金持ちに対する税率を低くする傾向にあります。そうなると、富裕層にどんどんお金が蓄積されます。国の税収は減るし、金持ちがそのお金を使わなければ、お金の流通自体が滞ってしまいます。

渋沢は自らの資本観について、こうも述べています。

金《かね》は社会《しゃかい》の力《ちから》を表彰《ひょうしょう》する要具《ようぐ》であるから、これを貴《たっと》ぶのは正当《せいとう》であるが、必要《ひつよう》の場合《ばあい》に能《よ》く費消《ひしょう》するはもちろん善《よ》いことであるが、よく集《あつ》めよく散《さん》じて社会《しゃかい》を活《かっ》発《ぱつ》にし、従《したが》って経済界《けいざいかい》の進歩《しんぽ》を促《うなが》すのは有為《ゆうい》の人《ひと》の心懸《こころが》くべきことであって、真《まこと》に理財《りざい》に長《ちょう》ずる人《ひと》は、よく集《あつ》むると同時《どうじ》によく散《さん》ずるようでなくてはならぬ。

国にしろ、企業にしろ、マネジメントする立場にある人にはとくに、これを基本と踏まえて財政を考えていただきたいところです。

◆給料より能力の高さを誇る

「稼ぐ」ほうの話を少し。近年は能力給を導入する企業が増えていますが、公平に運用するのは意外と難しい部分があるようです。

現実問題、仕事というのは能力の高い人のところに集まります。素早く、的確に対応してくれるからです。その分、ほかの人よりもたくさんの仕事をやるのですが、給料はあまり変わらないということがままあります。

給料はほぼ同じなのに、能力が低ければ仕事量が少なく、わりと楽に仕事ができる。逆に、能力が高いがゆえに、仕事量が多く、過重労働にあえいでいる。そういったケースが、組織ではむしろ一般的かもしれませんね。

もちろん、いいことではありません。不公平だと思います。けれどもしょうがない部分もあります。完全な平等というのは難しいのです。

もし読者のなかに自分は有能で、仕事量が多いと思う人がいるなら、「仕事が速ければ、人の倍の仕事をするのは仕方がない。『能力のある者は義務を負う』ということだ」くらいに思ったほうが、精神的にイライラするよりいいでしょう。

お金もそうですが、能力もケチってはダメ。仕事が速い人は遅い人を手伝ってあげることを喜びとし、「同じ給料なのに、損じゃないか」とは思わないように。渋沢ならきっと、「たくさん仕事ができることを喜び、能力の出し惜しみをするなよ」と言うと思います。

逆に、自分の能力が比較的低いと思われる方は、「仕事のできる人に助けてもらってありがたい、別のことで返そう」と考えるといいですね。

27

「勉強好き」は日本人のアイデンティティ

「道理《どうり》ある希望《きぼう》を持《も》って活発《かっぱつ》に働《はたら》く国民《こくみん》」という評語《ひょうご》は概括的《がいかつてき》な言葉《ことば》であるが、
先頃《さきごろ》あるアメリカ人が我《わ》が同胞《どうほう》を評《ひょう》して、日本人《にほんじん》の全体《ぜんたい》を観察《かんさつ》すると、
各人皆《かくじんみな》希望《きぼう》をもって活発《かっぱつ》に勉強《べんきょう》する国民《こくみん》であると言《い》われて、
私《わたし》は大《おお》いに悦《よろこ》びました。私《わたし》もかく老衰《ろうすい》してはおるが、向後益々《きょうごますます》国家《こっか》の進運《しんうん》を希望《きぼう》としておる。
また多数《たすう》の人々《ひとびと》の幸福《こうふく》を増《ま》すことを希望《きぼう》としておる。

〈道理ある希望を持って活発に働く国民〉――これがいつ、誰がつくった評語なのかは、もはやわかりません。けれども日本人の国民性を的確に表わしたものであることはたしかでしょう。

かつては本当に、「勉強好き」というのが日本人のアイデンティティでした。

渋沢が、アメリカ人に「日本人はみんな、それぞれが希望をもって活発に勉強する国民だ」と言われて、「大いに悦びました」と言っているように、外国人から見た幕末維新の時代の日本人は本当に勉強熱心に映ったようです。

たとえば「茶屋の娘も少し暇《ひま》があると、物語などを読んでいる。日本は勉強熱心な国である」というようなことが書かれた見聞録が残っています。

そういう国民性は明治維新を過ぎ、大正、昭和と時代が流れても受け継がれました。もともと江戸時代から識字率が高かったので、明治維新後も近代の西洋の文化や学問を受け入れることがわりとスムーズに行われたことも大きいでしょう。

さらに時代が進んでからも勉強熱心だったことは、新聞の購読率に象徴的に表われています。

宅配制度が浸透したことにより、大多数の日本人が毎朝・毎晩、新聞を読んでいました。それは、社会の動きを知りたい、経済のことも、世界情勢も、文化のことも、あらゆる分野の勉強がしたいことの裏返し。

昭和のお父さんたちは休刊日があるとがっかりするくらい、熱心に新聞を読んでいたのです。近年はインターネットの発達等により購読率は減少傾向にありますが、まだまだ愛読者はいます。

中高年だけではなく若い層だって、「二週間、読んでごらん」と課題を出すと、「新聞ってすごいですね」とその良さを再認識するほど。すぐになくなることもないのではないかと思います。

それはそれとして、残念なのは、平成になり、令和に突入した今後、日本人の「勉強好き」というアイデンティティがしだいに薄れていきそうなことです。これは何とかしなければいけません。

◆勉強から逃げる国民に未来はない

学びの意欲を端的に示すものの一つに、「一カ月の読書量」があります。ある調査では、大学生で月に一冊も本を読まない人が、ついに五〇％を超えたそうです。

大学生ほどの〝暇人《ひまじん》〟が本を読まずにいったい何をしているのか。ここは渋沢の一文を音読し、かつての日本人の勉強熱に感じ入っていただきたい。そして問いたい、「本を読まずに活発に勉強していると言えるのか、そこの大学生！」と。

中国人の知り合いの話では、中国の高校では部活がなく、週末以外は学校に泊まりこんで、朝八時くらいから夜の九時、十時まで、食事時間を除いてずーっと勉強しているそうです。一般論として、勉強熱心な学生を輩出する国では、企業も優秀な人材を確保しやすく、明るい未来が開けている感じがします。

中国人のスタイルを真似《まね》なくてもいいけれど、日本人はもっと「勉強好き」というアイデンティティを大事にし、勉強の重要性を直視するべきでしょう。

28

趣味のように仕事を楽しむ

何事《なにごと》でも自己《じこ》の掌《つかさど》ることに深《ふか》い趣味《しゅみ》をもって尽《つく》しさえすれば、自分《じぶん》の思《おも》う通《とお》りにすべてが行《い》かぬまでも、心《こころ》から生《しょう》ずる理想《りそう》もしくは慾望《よくぼう》のある一部《いちぶ》に適合《てきごう》し得《え》らるるものと思《おも》う。孔子《こうし》の言《げん》に「之《これ》を知《し》る者《もの》は之《これ》を好《この》む者《もの》に如《し》かず。之《これ》を好《この》む者《もの》は之《これ》を楽《たの》しむ者《もの》に如《し》かず」とある。蓋《けだ》しこれは趣味《しゅみ》の極致《きょくち》と考《かんが》える。

自分《じぶん》の職掌《しょくしょう》に対《たい》しては必《かなら》ずこの熱誠《ねっせい》がなくてはならぬのである。

趣味を仕事にできる人は、ほんのひと握りかもしれません。

巷間《こうかん》よく、「趣味でメシは食えない」とか「大好きな趣味も、仕事にしたとたんつまらなくなる」といったこともささやかれます。

趣味というのはたしかに、遊びでやっている分には楽しいけれど、仕事となるとそうはいかない、結果を出さなくてはいけないから、楽しいばかりではいられない、そんな側面もあります。

けれども渋沢がここで使っている〈趣味〉という言葉は、「遊び」「楽しみごと」といった意味合いとはちょっと違うようです。定義するなら、

「お金をもらわなくてもやりたい、やらずにはいられない仕事」

ということでしょうか。

そもそも渋沢のなかには、趣味と仕事の線引きがないように思えます。

「趣味でも、仕事でも、どっちでもいい。自分の好きなことを一生懸命やって、豊かな人生を生きることが大切なんだ」

そんなふうに考えているように思えます。このことは次の言葉に表われています。

人《ひと》として生《う》まれたならば、人《ひと》たる趣味《しゅみ》を持《も》って尽《つく》したいと思う。果《はた》してこの世《よ》に一《いち》人前《にんまえ》の趣味《しゅみ》を持《も》って、その趣味《しゅみ》が真正《しんせい》に向上《こうじょう》していったら、それこそ相応《そうおう》の功徳《くどく》が世《よ》の中《なか》に現《あら》われ得《う》るであろう。

私たちも趣味を仕事にすることはできなくとも、仕事を趣味のように楽しむことは可能です。ひと口に仕事と言っても、作業的なものも含めて、種類はいろいろです。そのなかで何か、「好き」と思えるものがあるのではないでしょうか。

その「好き」に没頭すると、仕事を趣味のように楽しめると思うのです。たとえば「車の運転をしていると幸せ」なタクシー・ドライバーさんもいらっしゃるでしょうし、「ニンジンやらタマネギやら、ひたすら野菜を切っていると楽しい」給食の調理師さん、「お客さんとコミュニケーションするのが大好き」な販売員さんなど、好きなことを仕事に選んでいる方はけっこう多いと思います。

好きでやっている仕事は疲れないし、全然イヤになりません。それはもう「天職」と言っていいでしょう。

みなさんも『釣りバカ日誌』の浜ちゃんじゃあないけれど、改めて「自分は何バカだろう」と考えてみては？　そこから「だから、この仕事が好きだったのか」と納得できるものが見つかるかもしれません。

私自身は〝授業バカ〟にして〝出版バカ〟です。

前者については、夏休みで授業がなくて、学生にしばらく会わないと、体調がちょっと思わしくなくなる感じ。ですから、教師には一年くらいのサバティカル（研究休暇）がとれる制度があるのですが、それさえとっていないくらいです。

また後者については、小学生くらいから「本を出したい」思いがあって、二十代でもう出版できる準備はできていたのですが、チャンスが訪れたのは四十代のとき。そこから〝出版バカ〟に火がついて、出しつづけています。

私は身をもって「〇〇バカ」になる快感を経験しているし、それが渋沢の言う趣味に熱誠を尽すことでもあるので、みなさんに一つメッセージを送りましょう。

「〇〇バカになれ」――。

29

世界平和につながる「論語の心」

我々《われわれ》は飽《あ》くまでも己《おの》れの欲《ほっ》せざる所《ところ》は人《ひと》にも施《ほどこ》さずして、東洋流《とうようりゅう》の道徳《どうとく》を進《すす》め、いや増《ま》しに平和《へいわ》を継続《けいぞく》して、各国《かっこく》の幸福《こうふく》を進《すす》めて行《ゆ》きたいと思《おも》う。

少《すく》なくとも他国《たこく》に甚《はなはだ》しく迷惑《めいわく》を与《あた》えない程度《ていど》において、自国《じこく》の隆興《りゅうこう》を計《はか》るという道《みち》がないものであるか。

もし国民全体《こくみんぜんたい》の希望《きぼう》に依《よ》って、自我《じが》のみ主張《しゅちょう》する事《こと》を止《や》め、単《たん》に国内《こくない》の道徳《どうとく》のみならず、国際間《こくさいかん》において真《しん》の王道《おうどう》を行《おこな》うという事《こと》を思《おも》うたならば、今日《こんにち》の惨害《さんがい》を免《まぬが》れしめることができようと信《しん》ずる。

論語を一冊読むのは大変ですが、孔子はつまるところ何を言いたいのかというと、渋沢がここで挙げているひと言に尽きます。

己《おのれ》の欲《ほっ》せざる所《ところ》、人《ひと》に施《ほどこ》すこと勿《なか》れ。

意味は読んでそのまま、「自分がしてほしくないことは、人にもしないように」ということです。これは孔子が弟子の子貢《しこう》から、「一生をかけて踏み行う価値のあるものはありますか?」と問われて答えたもの。

最初、ひと言で「恕《じょ》（思いやり）だね」と言い、続けて右の言葉を補足した形です。

たとえばいじめをしている人に、「自分がいじめられたらどう思う?」「イヤです」「だったら、やめなさい」。また列に横入りした人に、「自分が横入りされたらどう思う?」「イヤな感じがします」「じゃあ、やめなさい」。そういうことです。

「そんな簡単なこと?」と思うでしょうか。いやいや、実践するのは非常に難しいです。論語のなかにも、弟子がこのことを「心がけます」と言ったとき、孔子は「おまえにはなかなかできることじゃないよ」とピシャリ。そのくらい〝言うは易《やす》く、行うは難《かた》し〞なのです。

すべての道徳は、このひと言で成り立つと言っても過言ではありません。もし、心の憲法をつくるとしたら、私はこれ一条で充分だとさえ思います。孔子も渋沢も賛同してくれるでしょう。

ところで渋沢は、この項目では世界平和に言及しています。

論語の「己の欲せざる所、人に施すこと勿れ」に集約される東洋流の道徳をもってすれば、世界平和は継続できる。自分の国の利益ばかり主張するのをやめて、また自分たちがされてイヤなことを他国に対してしないよう努めつつ自国の隆盛をはかる道を模索していけば、戦争を招かず、今日のような惨害も免れるだろう、と。

『論語と算盤』が刊行された当時、ヨーロッパは第一次世界大戦の戦火に見舞われていました。その惨憺《さんたん》たるありさまを渋沢は嘆いています。

〈殊《こと》にドイツの行動のごときは、いわゆる文明なるものはいずれにあるか分らぬというような次第である。けだしその根源は、道徳というものが国際間に遍《あま》ねく通ずることができないで、ついにここに至ったものと思う。（中略）なんとか国際の道徳を帰一せしめて、いわゆる弱肉強食ということは、国際間に通ずべからざるものとなさしむる工夫が無いものであろうか〉云々《うんぬん》……。

渋沢が生きていれば、日本は太平洋戦争でアメリカと戦う愚は犯さなかったかもしれません。「日米開戦は逃れられなかった」と言う人もいますが、私見ながら、私は違うと思います。

レーニン全集を読むと、一九二〇年ころにレーニンは、世界革命のためには、資本主義の大国同士、とりわけ日本とアメリカを戦争させるのがいいと言っています。「日米開戦は共産圏の思う壺《つぼ》だった」と思います。しかもあの当時、アメリカと戦って勝てる国などなかったのですから、無謀にもほどがある……。

大局的に見ると、日本は〈己れの欲せざる所〉を他国に施した結果、手痛いしっぺ返しを受けることになったのではないでしょうか。

幸い、渋沢が新一万円札に登場するこれからは、日本が愚かな戦争に走らないよう監視してくれるはず。私たちも世界平和につながる「論語の心」を大切にしましょう。

30

人生はチームプレーでうまくいく

孔子《こうし》の教《おし》えに「仁者《じんしゃ》は己《おの》れ立《た》たんと欲《ほっ》して先《ま》ず人《ひと》を立《た》て、己《おの》れ達《たっ》せんと欲《ほっ》して先《ま》ず人《ひと》を達《たっ》す」と言《い》ってあるが、社会《しゃかい》のこと人生《じんせい》のことはすべてこうなくてはならぬことと思う。（中略）人《ひと》を立《た》て達《たっ》せしめて、しかる後《のち》に自己《じこ》が立《た》ち達《たっ》せんとするは、その働《はたら》きを示《しめ》したもので、君子人《くんしじん》の行《おこな》いの順序《じゅんじょ》はかくあるべきものだと教《おし》えられたに過《す》ぎぬのである。換言《かんげん》すれば、それが孔子《こうし》の処世上《しょせいじょう》の覚悟《かくご》であるが、余《よ》もまた人生《じんせい》の意義《いぎ》はかくあるべきはずだと思《おも》う。

渋沢は、人生観には二つの面があるとしています。

一つは、客観的人生観。〈自己のためというよりは君父《くんぷ》（主君）のため、社会のためという観念という方《ほう》が勝《まさ》っている〉とする考え方です。

もう一つは、主観的人生観。〈自己の本能を満足せしめ、自我を主張するをもって能事《のうじ》（為《な》すべきこと）終《おわ》れりとする〉ことを意味します。

後者の〈主観的人生観〉が勝る人は、自分のことを最優先で考え、行動します。

渋沢の言を借りると、こういうこと。

〈例えば、借金は自分のために自分がしたのだから、これは当然払うべき義務があるから払う。租税も自分が生存しつつある国家の費用だから、当然に上納する。村費もまたさようであるが、この上他人を救うために、あるいは公共事業のために義捐《ぎえん》するというような責任は負わない。それは他人のため社会のためにはなるであろうが、自分のためにならぬからだとなし〉云々《うんぬん》……。

ようするに「自分のことで精いっぱいなのに、このうえどうして人のため社会のために力を貸さないといけないのか」と考えるのが〈主観的人生観〉の持ち主。

そんなふうに自己を肥大化させた人たちが増えると、社会の弱肉強食化が進み、国家が衰退してしまうかもしれないと、渋沢は危惧《きぐ》しています。

だから理想の国家を形成していくためには、それとは反対の、世のため人のために考え行動する〈客観的人生観〉を持つ人が増えていかないといけないというわけです。

◆「お互いさま」の助け合い精神でいこう

渋沢の言う〈先ず人を立て〉〈先ず人を達す〉というのは、現代人には少しわかりにくいかもしれませんね。平たく言えば「自分のことは後回しにして、まず人が何を望んでいるかを察して、それがうまくいくように手を貸してあげましょう」ということですが、チームプレーの視点から読み解くと、もっとわかりやすいかもしれません。

まず、「チームプレーとは何か」を考えてみましょう。これについて私は以前、東京オリンピック招致委員会の副理事長を務めた水野正人さんに尋ねたことがあります。氏は次のように述べられました。

「とにかくミスのカバーをすることですね。たとえば野球は、選手の個々がミスをすることを前提に動きます。内野ゴロを打たれたら、野手がトンネルしたり、送球をそらしたりするかもしれませんね。それを見越して、ピッチャーもキャッチャーも内外野手もみんながカバーに動きます。ミスのダメージを最小限に抑えるためです。あるいは攻撃の場面でも、走者の盗塁を助けるために打者が空振りをすることもあります。そういった動きを怠らずにやりつづけ、ミスをカバーしあって勝利に向かう、それがチームプレーだと思いますね」

チームスポーツはすべからくそうですが、ミスをした選手よりも、ミスをカバーしに走らなかった選手のほうが責められるのです。

渋沢の言う〈客観的人生観〉とは、まさにこういうこと。世の中に「お互いさま」の助け合い精神が広がっていけば、世の中は必ずや良くなります。

31

惰性に流れない

世間《せけん》のことは久《ひさ》しくすると、その間《かん》に弊《へい》を生《しょう》じ、
長《ちょう》は短《たん》となり、利《り》は害《がい》となるを免《まぬが》れぬ。
特《とく》に因襲《いんしゅう》が久《ひさ》しければ、潑剌《はつらつ》の気《き》がなくなる。
ゆえに古人《こじん》もいった。中国《ちゅうごく》の湯《とう》の盤《ばん》の銘《めい》に
「苟《まこと》に日《ひ》に新《あらた》なり、日《ひ》に日《ひ》に新《あらた》にして、又《また》日《ひ》に新《あらた》なり」
とある。何《なん》でもないことだが、
日々《ひび》に新《あらた》にしてまた日《ひ》に新《あらた》なりは面白《おもしろ》い。
すべて形式《けいしき》に流《なが》れると精神《せいしん》が乏《とぼ》しくなる。
なんでも日《ひ》に新《あらた》の心懸《こころがけ》が肝要《かんよう》である。

仕事でも日常でも、長年の慣習からやりつづけていることは、意外と多いのではないでしょうか。

そのなかにはいまの時代には馴染《なじ》まなくなっていることもあるでしょう。しだいに惰性に流れ、始めた当初の魂が抜けて形骸化している行事などもあると思います。

そういうものは思いきってもうやめてみる。それだけで気分が晴れ晴れし、仕事の効率も上がるものです。

みなさんにも、仕事をしていて、たまに「これ、どうしてやらなきゃいけないんだっけ?」と思うような業務があるのでは?

その業務をやることがマンネリ化しているとなかなか気づかないものですが、新人が入ってきたときなどに「この業務は必要ですか?」と改めて聞かれて、ハッとさせられることもあるかと思います。

そういうときは「昔からやると決まっているのだから、黙ってやればいいんだよ!」などと意固地にならず、「たしかにもはや目的がわからないね。一回やめてみようか」と対応するのも一手。十中八、九、やめても困りません。

また、学生なら部活、会社員なら研修などで、先輩から後輩へと代々引き継がれてきたプログラムがありますね。でも「試合で使えない」「現場で必要ない」ものだとしたら、やめたほうがいい。いや、やめるべきでしょう。

私も大学で、形骸化している業務はどんどんやめていくことを推進しています。おかげで不要な会議や業務が減り、負担がずいぶん軽くなりました。

渋沢が言うように、形式的になって、精神が失われたものについては排除し、日々に新《あら》たにすることが大切だと思います。

◆気持ちを新たにする儀式は必要

ただし、儀式は別です。

儀式というのは実質的ではないところに意味があるので、昔ながらのやり方を踏襲しつつ、必要に応じて新しい要素を取り入れ、続けていくべきものだと思います。

儀式のいいところは、気持ちが新たになり、同時に身が引き締まることです。

たとえば成人式なら、正装して式に参列し、祝辞を聞く。「今日から一人前の大人だ。責任ある生き方をしていかねば」と、決意も新たにしますね。

また入学式、卒業式にしても、人生の新しいステージに一歩を踏みだすということで、晴れがましい気持ちになります。

最近は大晦日《おおみそか》に除夜の鐘を聞くことが少なくなったかもしれませんが、あれも儀式として非常にいいものです。ゴーン、ゴーンと百八の鐘の音を聞きながら、一年間の煩悩《ぼんのう》を取り去って、心がまっさらになったところで新しい年を迎える。自然と厳粛《げんしゅく》な気持ちになります。

悪しき因襲を排除するのも、儀式を重んじるのも、渋沢の言う〈日新《あらた》なるを要す〉もの。潑剌《はつらつ》とした気持ちで生きるうえで、非常に大事なことだと思います。

32

俗信・迷信を打破しろ

そこで余《よ》は修験者《しゅげんじゃ》に向《むか》い、

「ただ今《いま》お聞《き》きの通《とお》り、無縁仏《むえんぼとけ》の有無《うむ》が明《あき》らかに知《し》れるくらいの神様《かみさま》が、年号《ねんごう》を知《し》らぬという訳《わけ》はないはずのことだ。（中略）はたして霊妙《れいみょう》に通《つう》ずる神様《かみさま》なら、年号《ねんごう》ぐらいは立派《りっぱ》にお解《わか》りにならねばならぬ。しかるにこの見《み》やすき年号《ねんごう》すらも誤《あやま》る程《ほど》では、しょせん取《と》るに足《た》らぬものであろう」

と詰問《きつもん》の矢《や》を放《はな》った。（中略）それきり宗助《そうすけ》の母親《ははおや》はぷっつり加持祈禱《かじきとう》ということをやめてしまった。村内《そんない》の人々《ひとびと》はこのことを伝《つた》え聞《き》いて、以来《いらい》修験者《しゅげんじゃ》の類《たぐい》を村《むら》には入《い》れまい、迷信《めいしん》は打破《だは》すべきものという覚悟《かくご》をもつようになった。

これは、迷信を打破する覚悟の項目です。

渋沢が十五歳のときのこと。お姉さんが脳を患《わずら》って狂態《きょうたい》（常軌を逸した振る舞い）が強かったことから、修験者《しゅげんじゃ》にご祈禱《きとう》をしてもらうことになりました。迷信を嫌う父の宗助《そうすけ》と同様、渋沢も大の迷信嫌い。反対したけれど聞き入れてもらえず、祖母は父の目を盗んで姉を別所に連れだして実行されたそうです。

そのとき神様が中座《なかざ》を通して語られたのは、「この家には金神《こんじん》（方位の神）と井戸の神が祟《たた》る。またこの家には無縁仏《むえんぼとけ》があって、それが祟りをする。祠《ほこら》を建てお祈りせよ」ということ。渋沢はうさんくさく思い、「その無縁仏が出たのはおよそ何年前か。そのときの年号は何か」と尋ねました。その返事に年号間違いがあり、右の話に続いていきます。

思えば近代社会は、迷信や魔術的なものを打破することで構築されました。逆に言えば、渋沢のような科学的に物事を考える人物が出たからこそ、迷信を打破して近現代が成り立ったという見方もできます。

ついでながら、一万円札では先代に当たる福沢諭吉も、迷信をまったく信じなかった人です。『福翁自伝』には、迷信のまやかしを暴く数々のいたずらエピソードが語られています。

たとえば「稲荷様の正体を見てやろうと、叔父の家の稲荷の社《やしろ》を開けてみたら石が入っていたので、その石を捨てて代わりの石を入れておいた」なんて話が出てきます。そうしておいて、人々が稲荷の前でお神酒《みき》を上げてワイワイしているのを見て、「バカめ」とおもしろがる。人が悪いというか、度胸があるというか。福沢にはそんなところがあったのです。

このくらいでないと、占い・まじないの類《たぐい》に簡単にだまされない体質は身につかないのかもしれません。二十一世紀になった現代でも、相変わらず〝まやかしもの〟の餌食《えじき》になる人は後を絶ちませんからね。

いずれにせよ、迷信を打破した福沢と渋沢を私たちも見習うべきでしょう。

もちろん神様・仏様に手を合わせるのは悪いことではありません。それによって心が洗われる効果もあります。ダメなのは迷信を利用して人をだますことです。不安につけこんでお金をだまし取る人間にだまされないために、合理的精神が必要なのです。

◆常識を疑ってかかる

さて、「迷信を打ち破る」というのは、それまで当たり前とされてきた常識をひっくり返すことでもあります。

この場合の常識は「思いこみ」とか「既成概念」を意味します。

たとえばＭＬＢの大谷翔平選手がそう。ピッチャーとバッターの両方でいくと決めてがんばっています。

これまでは投手か野手か、どちらかを専門職でやるのがプロ野球の常識でしたが、大谷選手はベーブ・ルース以来百年ぶりに二刀流を実現させようとしています。いまだに「ピッチャー一本でいけ」「バッター一本でいけ」と言う人はいますが、そんな周囲の声などものともせずに、二刀流を貫く覚悟のようです。

考えてみれば、高校野球では「エースで四番」なんて選手はたくさんいるわけで、頭から二刀流は不可能と決めつけるのもおかしな話かもしれません。

〝俗信、迷信嫌い〟の福沢・渋沢両氏はきっと、大谷選手のような人を頼もしく見守っているのではないでしょうか。

33

嫌われない国になる

ここにおいて私共《わたしども》の切《せつ》に憂《うれ》うるのは、アメリカ合衆国《がっしゅうこく》と我《わ》が国《くに》との関係《かんけい》である。
今日《こんにち》のように紛議《ふんぎ》を醸《かも》しているのは、お互《たが》い実《じつ》に遺憾《いかん》に堪《た》えない。
（中略）国民《こくみん》の期待《きたい》はどこまでも果《はた》す勇気《ゆうき》をもって、しかして能《あた》うだけの忍耐《にんたい》をもって、
大和民族《やまとみんぞく》の世界的発展《せかいてきはってん》の途《みち》を開《ひら》き、いずれの地方《ちほう》でも、厭《いや》がられ嫌《きら》われる人民《じんみん》とならぬように心掛《こころが》けることが、すなわち発展《はってん》の大要素《だいようそ》であろうと思《おも》うのである。

太平洋戦争で日本がアメリカとの開戦に突入したのは一九四一（昭和十六）年。渋沢はそれよりも四半世紀も前に、アメリカとの関係を危《あや》ぶんでいたことがわかります。

いずれアメリカと衝突しそうな気配を察知しながら、日米双方にわがままがあるのだから、忍耐をもって両国の関係が良くなるように努めなければならないとしています。

日米関係というのは実は良好な時期が長かったこともあるのですから、第二次世界大戦時だって冷静に考えれば、渋沢が言うように「敵対するべきではない」とわかっていたはず。そこが残念でなりません。

日清・日露戦争のときもそうですが、戦勝ムードが高まって、国全体が浮き足だってしまった。政府や軍のトップだけではなく、マスコミも、国民もみんな、頭に血がのぼったような状態になっていたのだと思います。

そういうときは本来、頭を冷やさなくてはいけないんです。

たとえばお酒を飲んで、頭がカーッとなって怒鳴ったり、くどくど説教したりしている人も、バケツの水をぶっかけられてごらんなさい。たちまち、われに返って、「いったい自分は何をこんなに興奮していたのか」と冷静になるものです。

ただ太平洋戦争のときは、日本は誰からも、どこからも水がぶっかけられないままに、「戦争に突っ走るしかない」と〝暴走スイッチ〟が入ってしまったのでしょう。

敗戦後の日本は、平和主義を貫いて〈嫌われる人民とならぬように心掛け〉てきたと言えます。

◆「これしかない思考」は危険

戦争はもとより、誰かと敵対するような事態に陥ったときの「これしかない思考」は非常に危険です。頭に血がのぼって、行動は過激になる一方。

「こうなったら、やり返すしかない」

「こうなったら、手段を選ばずにいくしかない」

「こうなったら、死なばもろともだ」

などなど、後戻りすることができなくなります。

これはまた、マインドコントロールの手段にもなりえます。

「こうしないと、絶対に不孝になりますよ」

「これさえやれば、必ず幸せになりますよ」

といった具合に、相手をどんどん追いこんでいき、選択肢がそれしかない心理状態にするやり方です。

この手の論法や口調を使う人は危険人物ですから、関わらないよう注意してくださいね。

34

社会貢献度で人を見る

けだし人《ひと》を評《ひょう》して優劣《ゆうれつ》を論《ろん》ずることは、世間《せけん》の人《ひと》の好《この》むところであるが、よくその真相《しんそう》を穿《うが》つの困難《こんなん》はこれをもって知《し》らるるのであるから、人《ひと》の真価《しんか》というものは容易《ようい》に判定《はんてい》さるべきものでは無《な》い。真《まこと》に人《ひと》を評論《ひょうろん》せんとならば、その富貴功名《ふうきこうみょう》に属《ぞく》するいわゆる成敗《せいはい》を第二《だいに》に置《お》き、よくその人《ひと》の世《よ》に尽《つく》したる精神《せいしん》と効果《こうか》とによってすべきものである。

「人の優劣を評価するのは難しい」と渋沢が言うように、何を比較ポイントにするかで、ずいぶんと違ってきます。

「昔、中国の周時代には文王・武王という儒家の模範とされる聖徳《せいとく》ある君主がいたが、両名は功名も富貴も得ただろう。では両王と並び称される孔子は、どうだろう。聖人として崇《あが》められ、その弟子たちも尊敬されている。ただ彼らは、生涯をかけて遊説して徳を広めたけれど、戦国時代にあって小国の一つも得られなかった。富貴という観点で見れば文王・武王とは雲泥《うんでい》の差である。だからもし富を基準に人の真価を判断するなら、孔子は人間の下級生になってしまう。それは適当な評価と言えるだろうか」

渋沢はそんなふうに悩み、難しい、難しいと言っています。

また日本の歴史上の人物についても、藤原時平《ふじわらのときひら》と、彼の讒言《ざんげん》によって太宰府《だざいふ》に流された菅原道真《すがわらのみちざね》、後醍醐《ごだいご》天皇の忠臣である楠木正成《くすのきまさしげ》と、彼を倒した足利尊氏《あしかがたかうじ》をくらべ、「富においては時平、尊氏は成功者だなぁ。でも今日から見れば……」と悩んでいます。そうして悩んだ末の結論が、右の言葉です。

「人の優劣の本当のところを判断するのは難しい。一つ言えるのは、富貴功名に現われる成功・失敗を二の次にして、世のため人のために心を砕《くだ》いた人物か、それによって人々を喜ばせることができたかを見るべきだ、ということである」としています。

渋沢のこの言葉を読んで、私は宮沢賢治の『虔十公園林《けんじゅうこうえんりん》』の話を思いだしました。

虔十は、この公園の林をつくった人の名。周囲からはボーッとした人間と思われていました。その虔十がお父さんから「何かしたいことはないか？」と問われて「木を植えたい」と答えたのです。そうして植えた木がやがて公園になり、多くの人々の憩《いこ》いの場所になったのでした。

虔十自身は凡庸《ぼんよう》な人でしたが、世のため人のために尽くしました。渋沢がこの話を聞いたら、間違いなく高く評価したと思います。

◆市井に多くの偉い人たちがいる

「人の真価というのは、富貴や地位では決まらない。有名人かどうかも関係ない。市《し》井《せい》の人たちのなかにこそ、偉い人たちは大勢いる。社会貢献度をもって人を評価しなければならない」

渋沢はそう伝えたかったのでしょう。

みなさんも周りを見まわしてみてください。たとえば毎朝、子どもたちの通学路で事故に遭わないように見守る活動をしている人がいませんか？

あるいは自分の家の前だけではなく遠くまで、落ち葉を掃いたり、ゴミ拾いをしたりなど、きれいに掃除をしている人はいませんか？

私の知人には、山登りをする人たちが困ったときに避難できるよう、廃屋のようになった山小屋を無償で建て直す活動をしている人もいます。

彼らは無名だし、金持ちでもなく、目立った活動もしていませんが、世の中に役に立っている人たち。商売やお金儲《もう》けは上手だけれど、私腹を肥やすことにしか関心のない人たちよりずっと立派です。

このように評価基準を変えれば、人の真価を正しく見ることができるはずです。

35

「浩然の気」を養う

すなわち孟子《もうし》のいわゆる至大至剛《しだいしごう》、いたって大《おお》きくいたって強《つよ》いもの。

しかして「直《ちょく》を以《もっ》て養《やしな》う」。

道理《どうり》正《ただ》しきすなわち至誠《しせい》をもって養《やしな》って、それがいつまでも継続《けいぞく》する。

ただちょっと一時《いっとき》酒《さけ》飲《の》み元気《げんき》で昨日《きのう》あったけれども、今日《きょう》は疲《つか》れてしまったという、そんな元気《げんき》では駄目《だめ》である。

直《ただ》しきをもって養《やしな》って餒《う》うるところがなければ、「則《すなわ》ち天《てん》地《ち》之《の》間《あいだ》に塞《ふさが》る」これこそ本統《ほんとう》の元気《げんき》であると思《おも》う。

この機会にぜひ「浩然《こうぜん》の気」という言葉を覚えてください。いまはあまり使われませんが、幕末・維新の志士たちはよく口にしたもの。気持ちが大きくなるので、言うだけで元気が出てくるのではないかと思います。

出典は孟子《もうし》。孟子が公孫丑《こうそんちゅう》という弟子の質問に答えるなかで出てくる次の言葉です。「我《われ》善《よ》く吾《わ》が浩然の気を養う。その気たるや、至大至剛《しだいしごう》、直《ちょく》を以《もっ》て養いて、害することと無《な》ければ、則《すなわ》ち天地の間に塞《ふさ》がる」

ようするに「浩然の気」とは、「無限に大きく、なにものにも屈しない強さがある。平生より義を尽くし、まっすぐな心を養えば、精気が天地の間に満ち満ちていく」と説いています。

渋沢はこの原典の言葉を引いて、「至大至剛、直を以て養いて」という言葉が非常におもしろいと言っています。なぜなら世間一般で言う「元気」とはまったく違っているからです。誤った用例を出して、渋沢はこんなふうにたたみかけます。

「酒を飲んで酔っ払い、大声を出すのは元気なのか？　暴れて警察にお世話になるようでは、決して誇るべき元気とは言えないだろう」

「間違ったことを言ったのに強情を張りとおすのが元気なのか？　間違いも甚《はなは》だしい」

「福沢先生がしきりにとなえる独立自尊は元気と言えるが、自尊も曲解すれば傲慢《ごうまん》となる。ちょっと道を通りかかっても、俺は自尊だから逃げないと車にぶつかったりした日にはとんだ間違いが起こる。そんなのは元気ではないだろう」

少々極端な例ですが、「浩然の気」とは単に「元気がいい」ではダメ。道理正しく誠実な心をもって養われるものだと言っています。

◆元気は出すと出てくる

不思議なもので、元気には「出すと出てくる」という性質があります。

元気のない人に「疲れてるんじゃない？　休んだら？」などと声をかけることがよくありますね？　でも実は、疲れているのではなく、〝気〟というエネルギーが体内に滞留しているケースが多いんです。

そういうときは休むより、溜《た》まった〝気〟を出してあげるほうが効果的。活動するうちに、自然と元気が出てきます。

たとえば高校生や大学生などの若い人たちは、「かったるい」とか言って、だるそうにしていることがよくありますが、カラオケに行くと朝まで延々歌うこともしばしば。元気がないわけではなく、溜まっていただけ。出せば元気になるのです。

また中高年は、元気の出しどころを間違えるのが問題でしょう。元気のはけ口がないものだから、変なキレ方をしたり、夜眠れなくなったりするのです。

ポイントは、滞留する元気をどう使うか。ちょっと表に出て、たとえば駐車場の管理とか、公園の芝生の雑草を抜くなど、簡単な仕事をするのもいい。それなりの運動になりますし、わずかながらお小づかい稼ぎができます。人の役に立つ仕事ですから、社会との関わりも持てます。そうやって元気を出す分、夜もぐっすり眠れるでしょう。

このように、元気は出すと出てくることも、「浩然の気」とあわせて覚えておいてください。アントニオ猪木さんの真似《まね》をして、元気がないときは「一、二、三、ダーッ」と叫ぶのもいいかと思います。

36

かっこつけるな、卑屈になるな

私《わたし》は西郷《さいごう》公《こう》に向《むか》い「そんなら貴公《きこう》は二宮《にのみや》の興国安民法《こうこくあんみんほう》とはどんなものか御承知《ごしょうち》であるか」とお訊《き》きすると、ソレハ一向《いっこう》に承知《しょうち》せぬとのこと。どんなものかも知《し》らずにこれを廃絶《はいぜつ》せしめぬようとのご依頼《いらい》は、甚《はなは》だもって腑《ふ》に落《お》ちぬわけであるが、ご存知《ぞんじ》なしとあらば致《いた》し方《かた》がない。私《わたし》から御説明申《ごせつめいもう》し上《あ》げようと、その頃既《ころすで》に私《わたし》は興国安民法《こうこくあんみんほう》について充分取調《じゅうぶんとりしら》べてあったので、詳《くわ》しく申《もう》し述《の》べることにした。（中略）とにかく、維新《いしん》の豪傑《ごうけつ》のうちで、知《し》らざるを知《し》らずとして、毫《ごう》も虚飾《きょしょく》の無《な》かった人物《じんぶつ》は西郷公《さいごうこう》で、実《じつ》に敬仰《けいごう》に堪《た》えぬ次第《しだい》である。

これは、西郷隆盛が渋沢に聞きたいことがあって訪ねてきたときの話です。

明治四年ごろといえば、西郷は政府の参議。渋沢の表現を借りれば〈この上もない顕官《けんかん》（高官）〉でした。一方の渋沢は、本人の言によれば〈大蔵大丞《だいじょう》ぐらいの小身者〉。省内ではナンバー4の地位にありました。

ですから西郷が渋沢を訪問したことが〝非凡〟。凡人は呼びつけるのですが、西郷は大物なのに腰が低いというか、軽いというか、自分から足を運んだのです。「教えてもらいたいことがあるのだから、こちらから行くのが当然」と考えたのでしょうか。いまも本当に偉い人には、そんなところがあるような気がします。

それにしても大物・西郷に向かって、「興国安民法を廃止しないでほしいとの相馬藩の願いを入れて私どものところへ来られたようだが、そもそも貴公は興国安民法を知っておられるのか」と問い返す渋沢もすごい。

下位にある者はふつう、少しは遠慮するものですが、しごく筋の通った物言いをしています。さらにすごいのは、そんな渋沢に対して「一向に承知せぬ」と白状する西郷の正直さ。知ったかぶりをしてかっこつける発想などないのです。その後も、西郷「君の説明を聞けば、二宮先生の興国安民法は『入るを量《はか》り、以《もっ》て出るを為《な》す』の理にもかなったけっこうな法ではないか。廃止せぬよう願いたい」
渋沢「おっしゃるとおり。廃止しないほうが相馬藩のためにはなりましょう。しかし国家のために興国安民法を講ずるのが、目下の急務。貴公は相馬一藩のために興国安民法は大事だから廃絶せぬようにしたいが、国家の興国安民法はそのまま放置してもよいというご所存か。相馬藩のために奔走するが、一国の興国安民法をいかにすべきかのご賢慮なきは本末転倒も甚《はなは》だしいものである」
西郷「……」（黙って辞去）

こんなふうに展開した〝正直者対決〟がとても気持ちよく、とてもおもしろい感じがします。

西郷隆盛という人は、出会った人たちみんながエピソードを残す大人物。渋沢もこの項を西郷の人物評として〈敬仰《けいごう》に堪《た》えぬ〉と結んでいるように、議論の上では自分の勝ちだったけれど、大物ぶりが顕著にうかがわれる西郷の人格にはシャッポを脱いだというところでしょうか。

ところで渋沢は、西郷のどんなところをもって「さすが！」と感嘆したのでしょうか。それは、次の論語の言葉に象徴されます。

これを知《し》るをこれを知《し》ると為《な》し、知《し》らざるを知《し》らずと為《な》せ。是《こ》れ、知《し》るなり。

はっきりと理解していることだけを「知っている」とし、よくわからないことは「知らない」とする。このように「知っている」と「知らない」とを明確に分けられるなら、「本当に知っている」と言える。そんな意味です。

ようするに「知る」と「知らない」の境界線をちゃんと引ける人が、真に物事を知っている人なんだということです。すばらしい定義ですね。

人はついかっこつけて、知ったかぶりをするもの。そうやって自分をよく見せようとすること自体が〝小物の証《あかし》〟なのです。

37

「意志の鍛錬」をする

とかく平生《へいぜい》の心掛《こころがけ》が大切《たいせつ》である。
平素《へいそ》その意中《いちゅう》に「こうせよ」とか「こうせねばならぬ」とか、
事物《じぶつ》に対《たい》する心掛《こころがけ》が的確《てきかく》に決《きま》っているならば、
いかに他人《たにん》が巧妙《こうみょう》に言葉《ことば》を操《あやつ》っても、
浮《うか》とそれに乗《の》せられるようなことはない訳《わけ》だ。ゆえに何人《なんびと》も
問題《もんだい》の起《おこ》らぬ時《とき》においてその心掛《こころがけ》を錬《ね》って置《お》き、
しかして事《こと》に会《かい》し物《もの》に触《ふ》れた時《とき》、
それを順序《じゅんじょ》よく進《すす》めるが肝要《かんよう》である。

「意志の鍛錬《たんれん》、していますか？」

と聞かれて、即座に「はい、やっています」と答える人は、そう多くはないでしょう。そもそも「意志を鍛錬するって、どういうこと？」と思います。

この項で渋沢が言っている〈意志の鍛錬〉とは、「何も問題がない平素に、何か問題があったらどうするか、その心がけを錬っておきましょう」というイメージです。

ふつうは「問題が起きないように心がける」と表現しますが、その心がけを「錬《ね》る」となると、「何回も何回も練習する」という意味合いが含まれます。

「錬る」とは「鍛錬」の「錬」。

宮本武蔵の『五輪書』のなかにこんな言葉があります。

「千日の稽古を鍛とし、万日の稽古を練とす」

言ってみれば、比叡山《ひえいざん》の「千日回峰行《かいほうぎょう》」のようなもので、「千日休まない」「万日休まない」と決めて鍛錬し、強い精神力をつくるものです。

こう聞くと、厳しい修業をするようですが、渋沢が言うのは「平素」。日常的な、ごくふつうの行動で練習をしてみればいいかと思います。

たとえば車の運転。事故を起こしたら、最悪の場合、自分が死んだりケガしたりするだけではなく、人を死傷させることもあるし、双方の車を破損することもあって、大変なことになります。保険に入っていたとしても、事故を起こしていいという話にはなりません。

そこで重要になってくるのが、日々の鍛錬です。問題が起きたときはこう対応するという準備を鍛錬としてやっておくと、現実にそういう場面が発生しても、落ち着いて対応できるのです。たとえば常に、路地から子どもやボールが飛びだしてくることを想像して運転していれば、もし本当にそうなっても「あ、やっぱり飛びだしてきた」とブレーキを踏むことができるわけです。

あるいは、忘れ物をしないよう心がけることを鍛錬する場合は、電車やタクシーを降りるときは必ず後ろを見るとか、体重が増えないよう心がけることを鍛錬する場合は、毎日こまめに体重を計り、わずかな増減でもあればすぐに調整するとか。

そういったことでも千回、万回と鍛錬していると、習慣として確実に身につくようになります。

こういった鍛錬は、依存症の克服にも使えます。アルコール依存症の人は「今日は酒を飲まなかった」「ギリギリ今日も酒を飲まなかった」というふうに一日、一日を積み重ねていくということです。

ちなみにデカルトは、何事も一度熟考してから断行することを練習しました。この「熟慮断行」をそれこそ千日、万日鍛錬したら、結果、悩まなくなったそうです。いろいろなことを熟慮しては決断する、熟慮しては決断することをくり返すうちに、悩まずに決断できる能力が備わったようです。

みなさんも何か心がけるべきことがあったら、有事に備えて日常的に〝意志の鍛錬〟をしましょう。標語のように、

「千日やって鍛、万日やって錬、これを鍛錬と言う」

などと言いながら。

38

結果だけで評価しない

とかく世《よ》の中《なか》の青年《せいねん》は、人《ひと》の結末《けつまつ》だけを見《み》てこれを欽羨《きんせん》し、その結末《けつまつ》を得《え》る原因《げんいん》がどれほどであったかと云《い》うことに見到《みいた》らぬ弊《へい》が多《おお》くてならぬ。ある人《ひと》は栄達《えいたつ》したとか、ある人《ひと》は富《とみ》を得《え》たとか云《い》って羨望《せんぼう》するけれども、

その栄達《えいたつ》もしくはその富《とみ》を得《え》るまでの勤勉《きんべん》は容易《ようい》ならぬ。

知識《ちしき》は勿論《もちろん》、力行《りっこう》とか忍耐《にんたい》とか、常人《じょうじん》の及《およ》ばざる刻苦経営《こっくけいえい》の結果《けっか》であるに相違《そうい》ない。その知識《ちしき》、その力行《りっこう》、その忍耐《にんたい》というものに想《おも》い到《いた》らないで、ただその結果《けっか》だけを見《み》てこれを羨望《せんぼう》するのははなはだいわれないことである。

この項は、日露戦争で旅順《りょじゅん》を陥落させたことで知られる乃木希典《のぎまれすけ》大将が、明治天皇が亡くなった後に夫人とともに殉死《じゅんし》したことから筆を起こしています。

当時の人にとってこの〝殉死事件〟は、かなり衝撃的なものでした。夏目漱石《なつめそうせき》の『こころ』にも、明治天皇の崩御と乃木大将の殉死にふれている文章があります。そこで漱石は「明治の精神」という言葉を使っています。

渋沢は世間のさまざまな反応を踏まえつつ、次のように述べています。

〈乃木大将が末期における教訓が尊いというよりは、むしろ生前の行為こそ真に崇敬すべきものありと思う。換言すれば、大正元年九月十三日までの乃木大将の行為が純潔で優秀であるから、その一死が青天《せいてん》の霹靂《へきれき》のごとく世間に厳しい感想を与えたのである〉

つまり乃木大将が死んだことが尊いから、世間に影響を与えたのではない。それまでの生き方がすばらしかったからだとしています。簡単に言えば、「結果より、そこに至るプロセスを見ることが大事だ」ということです。

渋沢が指摘するように、プロセスを軽視して、結果だけを見てものを言ってしまうことはやりがち。たとえばふだんとてもやさしい人が、一度だけちょっと冷たいふるまいをしたとします。そのたった一回をあげつらって、「これがあの人の本性か。本当はやさしくなんかないんだよ」などと言う。逆に、つき合っていて百回のうち九十九回は冷たい人が一回だけやさしい一面を見せたとき、「本当はやさしい人なんだよね」と言う。そんなことはよくあります。

けれども明言しますが、垣間《かいま》見えた一面は本質ではありません。百回のうち九十九回は冷たいなら、そっちが本質なのです。この種の勘違いはなくさなくてはいけません。

私があまり好まないのは、昔不良だった人が心を入れ替えてまじめになり、がんばっているという話がマスコミなどでもてはやされることです。

「元不良がそんなに偉いの？　昔からまじめにコツコツがんばってきて、いい仕事をしているほうが評価されて当然なんじゃあないの？」と思ってしまうのです。

あるいは晩年になってうまくいかないことがあった人を評して、「最後はイマイチだったね」と、軽く片づけるのもおかしな話です。それまでずっとがんばってやってきたいいことを、全部ゼロにしてしまうことになりますから。

やはり大事なのはプロセス。プロセス込みで結果を見て評価するのが本来でしょう。

◆裏の苦労に注目する

短絡的な評価をしないために、テレビでときどきやっている、一つの成功の陰に大変な苦労があったことを描くドキュメンタリー番組を見るといいですね。

たとえば華麗なるステージで観客を魅了したバレリーナが、実はふつうに歩くこともできないくらいの大ケガをしていたとか、アニメーション映画は些細《ささい》な一場面でさえものすごく苦労してつくりこんでいるとか。あるいはすばらしい記録を出したスポーツ選手は、華々しい活躍の裏で血と汗のにじむような努力をしていたとか。

そういうものを見ると、「結果だけを見ていては、本当の価値はわからないな。裏の大変な苦労あってこその結果なんだな」ということを実感します。

結果だけではなくプロセスに注目して初めて、物事を正しく評価できるのです。

39

修養を積むと判断のスピードが上がる

修養《しゅうよう》は土人形《つちにんぎょう》を造《つく》るようなものではない。かえって己《おの》れの良知《りょうち》を増《ま》し、己《おの》れの霊光《れいこう》を発揚《はつよう》するのである。修養《しゅうよう》を積《つ》めば積《つ》むほど、その人《ひと》は事《こと》に当《あた》り物《もの》に接《せっ》して善悪《ぜんあく》が明瞭《めいりょう》になって来《く》るから、取捨去就《しゅしゃきょしゅう》に際《さい》して惑《まど》わず、しかもその裁決《さいけつ》が流《なが》るるごとくなって来《く》るのである。

「修養」という言葉を聞くと、条件反射的に拒絶反応を示す人も少なくないでしょう。イメージ的に「つらくて苦しい訓練に耐えなければならない」とか「締めつけが強くて言動の自由度が奪われる」といったことが思い浮かぶからかもしれません。

渋沢の時代にも〈人の天真爛漫《てんしんらんまん》を傷つける〉〈人を卑屈《ひくつ》にする〉という二点から、「修養は無用だ」とする論調があったようです。何となくわかる気もしますね。この項では、そういった声に反論しています。

人《ひと》は十分《じゅうぶん》に修養《しゅうよう》したならば、一日一日《いちにちいちにち》と過《あやま》ちを去《さ》り善《ぜん》に遷《うつ》りて聖人《せいじん》に近《ちか》づくのである。もしも修養《しゅうよう》したために、天真爛漫《てんしんらんまん》を傷《きず》つけると言《い》うならば、聖人君子《せいじんくんし》は完《かん》全《ぜん》に発達《はったつ》した者《もの》でないということになる。（中略）人《ひと》は天真爛漫《てんしんらんまん》が善《よ》いということは私《わたし》も賛成《さんせい》するところであるが、人《ひと》の七情《しちじょう》すなわち喜怒哀楽愛悪欲《きどあいらくあいおよく》の発動《はつどう》が、いついかなる場合《ばあい》にも差支《さしつか》えないとは言《い》われぬ。聖人君子《せいじんくんし》も発《はっ》して節《せつ》にあたるのである。ゆえに修養《しゅうよう》は人《ひと》の心《こころ》を卑屈《ひくつ》にし天真《てんしん》を害《がい》するものと見《み》るは大《おお》なる誤《あやま》りであると断言《だんげん》するのである。

少々わかりにくいでしょうか。大意は「十分に修養を積めば、感情をコントロールして穏やかな人格が形成される。それと天真爛漫は矛盾しない」ということです。ただここは、音読していただく先の言葉の「修養を積めば、善悪の判断をつけられるようになり、いいものだけを取り入れ、悪いものを遠ざける判断を迷うことがなくなる。しかもその判断がどんどん速くなる」というところに注目されたし。

私が渋沢に代わって言うなら、

「修養の眼目は、速く判断でき、しかも間違えないようになることにある」

ということです。

たとえばミカン。私はどのミカンが甘いか、瞬時に判断できます。いや、私だけではなく静岡県人なら誰でも、幼いころから冬は手の平と足の裏が黄色くなるくらい大量にミカンを食べているので、甘いミカンを見きわめて、「これを食べる」と決めるのが本当に速いのです。

なにしろ箱で買うか、もらうかして、甘いものから食べていき、後回しにしたすっぱいミカンも、食べる順番が来るころには甘くなっています。そういう非常に合理的な判断力が身についているのですが、これは〝ミカン修養〟の賜《たまもの》です。

おそらく青森県とか長野県の人は、おいしいリンゴを見分け、すぐに「これ」と判断して食べているのではないでしょうか。リンゴの種類さえ覚束《おぼつか》ない私にはできない芸当であり、〝リンゴ修養〟を積んでいる青森・長野県人には勝てません。

ほかにも、〝不動産修養〟のできている人は、不動産を買うときは即断即決で、しかも間違わないとか、〝買物修養〟のできている人は、買物に失敗しないし、不要になっても中古品マーケットで売れるものを選ぶことができる、〝歌舞伎町修養〟のできている人は、どういう人間についていったらボラれるかが瞬時に判断できるので、絶対にボラれないなど、修養にはいろいろあります。

修養については渋沢の言葉どおりに、「善悪がはっきりするから迷いがなくなり、スムーズに素早く決断できる」という概念でとらえるといいかと思います。つらくて苦しいイメージの修養が、一転して明るいものに感じられるでしょう。

40

謙虚と遠慮は違う

論《ろん》語《ご》にも明《あき》らかに権《けん》利《り》思《し》想《そう》の含《ふく》まれておることは、
孔《こう》子《し》が「仁《じん》に当《あた》っては師《し》に譲《ゆず》らず」と言《い》った一句《いっく》、
これを証《しょう》して余《あま》りあることと思う。
道《どう》理《り》正《ただ》しきところに向《むこ》うては
飽《あ》くまでも自《じ》己《こ》の主《しゅ》張《ちょう》を通《とお》してよい。
師《し》は尊《そん》敬《けい》すべき人《ひと》であるが、
仁《じん》に対《たい》してはその師《し》にすら譲《ゆず》らなくもよいとの一語《いちご》中《ちゅう》には、
権《けん》利《り》観《かん》念《ねん》が躍《やく》如《じょ》としているではないか。

「論語主義には権利思想が欠けている」

当時の世人にはどうやら、そんな意見があったようです。

これを渋沢は〈誤想謬見《ごそうびゅうけん》〉――「考え違いも甚《はなは》だしい」と退けています。そして、論語にも権利思想が生き生きとある。その証左を、

仁《じん》に当《あ》たっては師《し》に譲《ゆず》らず。

という論語の言葉で示しています。

ここは「仁を行うに当たっては、先生にも遠慮はいらない」という意味。多くの門人を擁《よう》する孔子の、さすがの度量の大きさを感じる言葉ですね。

前に紹介した西郷隆盛とのエピソードを見てもわかるように、渋沢は孔子のこの教えを地でいった人でもあります。ふつうなら「西郷さんに言われたらしょうがない」となるところを、西郷さんにも譲るところがなかったのですから。

残念ながら、日本人はいまも引っ込み思案で、上司に対してはもとより同僚、後輩

にすら、自分の意見を言うのを遠慮するところがあります。

それは決して「論語を勉強して、謙虚であることの大切さを学んだから」ではありません。論語の勉強など、ほとんどしていないのですが、いろいろなところでしょっちゅう「謙虚であれ、謙虚であれ」と言われるせいか、だんだんものが言えなくなってきた部分があるのかもしれません。

けれども謙虚と遠慮は違います。どちらも言動が控えめな点では共通しているものの、謙虚と違って遠慮にはどうしてもガマンするニュアンスが加わります。つまり「言いたいことをガマンする」、それがよくないと思うのです。

日本人の引っ込み思案ぶりが顕著なのは、会議の場でしょう。私も会議の進行役を務めることがよくあって、たとえば年度末に、「今日はこの一年、いろいろあったことを報告しあい、経験値を共有するために集まっていただきました。報告のある方、どうぞ」と言っても、たいていは場がシーンとしてしまいます。

指名すると話しだすのに、挙手するのはイヤなようです。「面倒くさいなぁ」と思わなくもありません。

また授業でも、学生たちに積極的に発言するよう指導しています。たとえば、「このトラブルを解決するために、一人一つずつアイデアを出してください。発言時間は五秒。アイデアが出なくて発言しない人は、現実への対応力がない、したがって当事者意識がないと見なします。この場にいる価値がないことになります」というふうに言って、アイデア出しをうながします。

ここまでやると、さすがに「アイデアが出ません」と言う学生はいません。一応、何かしら出してくれます。

日本人は遠慮がちなうえに、「発言すると上司に嫌われる」とか「なら、おまえがやれと、仕事を押しつけられる」といったことを考え、逃げて保身をはかろうとするところがあります。それでは強いチームがつくれません。

ですから発言するのは、権利というよりは義務であるとしたほうが、背中を押してあげられそうな気がします。

会議であれば、そこに積極的に関わるのは当たり前。みんなが当事者意識を持って発言するようになれば、そのチームは間違いなく強くなります。

41

労使は対立関係にあらず

王道《おうどう》はすなわち人間行為《にんげんこうい》の定規《じょうぎ》である
という考《かんがえ》をもって世《よ》に処《しょ》すならば、
百《ひゃく》の法文《ほうぶん》、千《せん》の規則《きそく》あるよりも遙《はる》かに勝《まさ》った事《こと》と思《おも》う。
換言《かんげん》すれば、資本家《しほんか》は王道《おうどう》をもって労働者《ろうどうしゃ》に対《たい》し、
労働者《ろうどうしゃ》も亦《また》王道《おうどう》をもって資本家《しほんか》に対《たい》し、
その関係《かんけい》しつつある事業《じぎょう》の利害得失《りがいとくしつ》はすなわち
両者《りょうしゃ》に共通《きょうつう》なるゆえんを悟《さと》り、
相互《そうご》に同情《どうじょう》をもって始終《しじゅう》するの心掛《こころがけ》ありてこそ、
始《はじ》めて真《しん》の調和《ちょうわ》を得《え》らるるのである。

労働者と使用者（資本家）の労使関係というのは「対立の図式」でとらえられることが多いですね。渋沢の時代もそう。

渋沢は労使の間にあった「情」というものが希薄になり、両者が互いに権利義務を主張することで対立の溝が深くなっているのではないかと危惧《きぐ》しています。そこで、

「対立するのが当たり前という考えはやめましょう。会社がうまくいって利益が増えれば、その利益は相互に共有しているのだから、話しあって双方が納得できる分配の仕方を考えたほうがいいんじゃないの？」

と提案しているわけです。

右で「ただ王道あるのみ」と言っているのは、労使双方が互いに利益になるようなことをちゃんとしていこうということです。

このころから一世紀を経《へ》て、日本の企業の労使関係は改善されているでしょうか？

私には後退しているように思えてなりません。とくに二〇〇〇年以降、労働者の権利がけっこう弱まっているのではないでしょうか。

その象徴が「リストラ」という言葉の横行と定着。社員をクビにすることはそう簡

単にはできなかったはずなのに、経営を建て直すためのリストラの名の下に、公然と首切りが行われるようになったのです。

たとえば多くの工場や事業所を閉め、大勢の社員をクビにして人件費を軽減化するなど、従業員にとっては悪夢としか思えない施策を断行。早期退職を勧告するような面接をくり返し行い、追い詰められて会社を辞めた人も少なくありません。

そんなことまでして、経営をV字回復させたところで、そんなに褒《ほ》められたものではないと思うのですが、それをやり遂げた経営者が賞賛されることすらありました。

そうして労使の力関係が崩れ、資本家のほうが格段に強くなってしまったのです。これまでの労働運動の成果を考えると、後退している印象が拭《ぬぐ》えません。

また近年は、非正規雇用の契約社員や派遣社員などを増やして、正社員を減らすようなことが行われています。非正規雇用は正社員にくらべて、年収が二百万円〜三百万円とかなり低く設定されています。

このやり方はつまり、非正規雇用を増やして人件費を減らすシステムなのです。加えて非正規雇用に対しては、正社員ほど扱いに気を使わなくてすみます、もっと言えば雇用者側の都合で、雇用関係を解消することができるのです。

一方で、正社員は「働き方改革」の名の下に、休みもたくさん増え、彼らで賄《まかな》いきれない仕事を非正規雇用にやらせるというような現象も生じています。同一労働同一賃金は実現されていません。

こんなふうに労働者を安く便利にこき使い、いつでもクビにできる不安定な状態で雇用できるシステムが、いいわけはありません。渋沢なら「労使の間に同情心がない」と嘆くと思います。

渋沢が一万円札に登場するのを機に、国と企業にぜひとも見直していただきたい。この項を締める渋沢の言葉をそのままぶつけたいところです。

よろしく王道《おうどう》の振興《しんこう》に意《い》を致《いた》されんことを切望《せつぼう》する次第《しだい》である。

42

会社に秘密があってはならない

正真正銘《しょうしんしょうめい》の商売《しょうばい》には、機密《きみつ》というようなことは、まず無《な》いものと見《み》てよろしかろう。

しかるに社会《しゃかい》の実際《じっさい》に徴《ちょう》すれば、会社《かいしゃ》において無《な》くてもよいはずの秘密《ひみつ》があったり、有《あ》るべからざるところに私事《わたくしごと》の行《おこな》われるのはいかなる理由《りゆう》であろうか。

余《よ》はこれを重役《じゅうやく》にその人《ひと》を得《え》ざるの結果《けっか》と断定《だんてい》するに躊躇《ちゅうちょ》せぬのである。

見出しを見ただけで、「え、いまの話？」と思いませんか。右のくだりの前のところで、渋沢はこんなふうに言っています。

「銀行だけは事業の性質上、誰にいくら貸付があるとか、それにどんな抵当が入っているかなど、秘密を守らねばならないことがある。また商売上も、いくらで買って、いくらで売って、これだけの利益がある、というようなことはわざわざふれまわる必要もない。けれどもそれ以外のことで、ウソをつくのは断じてよろしくない」

そして、「なくてもいいはずの秘密があったり、あってはいけないところで公私混同が行われたりするのは、重役がよくない」と続きます。

こんな時代から渋沢は企業のコンプライアンス違反を問題視していたんだなと思うと、さすがにお札《さつ》になるだけのことはあると改めて感心するほどです。

SNS時代になっていよいよ、企業は秘密を持ちたくても持てないようになってきました。いまはまだ企業スキャンダルが後を絶たない状況ですが、早晩、少なくなっていくでしょう。SNSを介して内部告発が流布されるなど、不正を秘密にしておけなくなってきたからです。このことは渋沢も喜んでくれるでしょう。

43

長生きを喜ぶ

我《わ》が東隣《とうりん》友邦《ゆうほう》の雄大《ゆうだい》なる経営《けいえい》によりて、
ついにパナマ地峡《ちきょう》開鑿《かいさく》の一大《いちだい》工事《こうじ》が竣成《しゅんせい》し、
南北《なんぼく》の水《みず》はすなわち相通《あいつう》じ
東西《とうざい》の半球《はんきゅう》はまったく比隣《ひりん》と化《か》し去《さ》らんとしつつある。
東洋《とうよう》の諺《ことわざ》に命《いのち》長《なが》ければ恥《はじ》多《おお》しというけれども、
晩近《ばんきん》五十年間《ごじゅうねんかん》における世界《せかい》交通《こうつう》の発達《はったつ》と、海運《かいうん》の面積《めんせき》の減縮《げんしゅく》とは
かくのごとく顕著《けんちょ》なるものがあって、
前後《ぜんご》ほとんど別乾坤《べつけんこん》の観《かん》あるを思《おも》えば、
身《み》、昭代《しょうだい》に生《う》まれたる余慶《よけい》として、
長寿《ちょうじゅ》のむしろ幸福《こうふく》なりしを喜《よろこ》ぶのである。

「パナマ運河、開通！」

一九一四（大正三）年、このニュースを聞いて、「この年まで生きてこられて、私は幸せだなぁ」と思った渋沢のような人は、世界にもそう多くはないでしょう。

世界の発展と自分自身の幸せを同一視する、そんな発想はなかなか持ちえないからです。〈昭代《しょうだい》（太平の世）〉に生まれた幸運を渋沢は喜んでいます。

それはさておき、渋沢は実は、それより五十年近く前のスエズ運河の開通にも因縁浅からぬものがあります。

それは明治改元前年の一八六七年、渋沢がパリで行われた世界大博覧会とヨーロッパ各国訪問に派遣されたときのこと。一行は横浜からフランスの船に乗り、インド洋、紅海を経《へ》てスエズ地峡に至ったのですが、当時はまだ開削の一大工事の真っ最中でした。そのために船を乗り捨てて、地峡に上り、鉄道でエジプトを横断。カイロを経てアレキサンドリアに出て、再び地中海を航海してマルセイユに到着するというルートでした。

ところがその二年後にスエズ運河が開通するや、陸路を行く必要はなくなったわけです。このときも「世界が近くなって、本当によかった」と喜んだ渋沢なので、パナマ運河の開通により太平洋と大西洋がつながったことに、なおのこと感動したのかもしれません。

◆幸福を自分の外に求める

「人生百年時代」を迎えて、長生きに幸福を見いだすことがとても大切になります。ここは渋沢に倣《なら》って世界に目を向け、幸福を自分の外に求めてはいかがでしょうか。

「iPS細胞なんて、すごい万能細胞が発見されてよかったなぁ。この先、医学がどこまで進んでいくか夢がふくらむよ。その入り口を見せてもらえたんだから、長生きしてよかったなぁ」

「東京オリンピックが二回見られるんだよ。こんな幸せなことってあるんだな。長生きしてよかったなぁ」

「日本人が陸上競技で世界と戦える日が来るとは、想像もしなかった。長生きしたおかげで、その競争の現場に立ち会える。幸せだなぁ」

「インターネットの世界で、いままで知り合うことができなかった人と交流が持てた。SNSとかちょっと面倒くさいけど、幸せなことだよね」

自分の境涯でそんなに幸福な出来事が起こらなくても、世界に目を向ければ大丈夫。文明は常に発展していますから、幸福のネタはいくらでも見つかります。

そういえば私も昔、「ついに天然痘《てんねんとう》が撲滅《ぼくめつ》された」というニュースを聞いて、友だちと乾杯したことがあります。

「天然痘が地上からなくなった。これを祝わずして何を祝う」みたいな感じで、気持ちがとても広くなり、いい気持ちだったことを覚えています。

また、アインシュタインは一九一五（大正四）年、一般相対性理論から〝重力波（時空のゆがみの波）〟の存在を予想しましたが、ちょうど一世紀後の二〇一五（平成二十七）年、ついに重力波が観測されたのです！　これは乾杯しなくては。

「世界でグッドニュースがあるたびに乾杯！」

幸福気分を盛りあげるには、非常にいい方法だと思います。

44

「欧米心酔」、昔といま

外国《がいこく》の「レッテル」が貼《は》ってあるから
この石鹸《せっけん》はよいぞと威《おど》かされたり、
外国品《がいこくひん》だからこの「ウィスキー」を飲《の》まなければ、
時勢後《じせいおく》れの人間《にんげん》に見《み》られると怖《おそ》れるようで、
それで独立国《どくりつこく》の権威《けんい》と大国民《だいこくみん》の襟度《きんど》が
どうして保《たも》たれて行《い》かれよう。
私《わたし》は実《じつ》に国民《こくみん》の大自覚《だいじかく》を望《のぞ》むのである。
我々《われわれ》は今日《こんにち》ただいま、心酔《しんすい》の時代《じだい》と袂別《べいべつ》せねばならぬ。
模倣《もほう》の時代《じだい》から去《さ》って、自発自得《じはつじとく》の域《いき》に入《はい》らねばならぬ。

ここで渋沢は、日本人が無闇《むやみ》に欧米に心酔することに苦言を呈しています。

〈維新以来早くも半世紀になろうとする今日、かつまた東洋の盟主、世界の一等国をもって任じておる今日の日本国たるもの、いつまで欧米心酔の夢を見ておるのであろう。（中略）実に意気地のない話である〉

右の言葉の前でこう述べており、舶来品と見れば無条件にありがたがる風潮に、忸《じく》怩《じ》たる思いを抱いていたのでしょう。

気持ちはわかります。「せっかく世界の一等国にまで発展したのだから、自国のものにもっと誇りを持て」と国民に発破《はっぱ》をかけるのも、渋沢の国を思う気持ちの現われですからね。

ただ、昔といまは違います。昔はたしかに「欧米の文明は進んでいるな。あこがれるな」というコンプレックスから〝レッテル信仰〟に走った部分があったでしょうけど、いまは製品に関しては欧米コンプレックスは薄れてきています。食べ物やファッションにしても、日本は世界のトップレベルのクオリティを誇る国になっています。

それなのに日本人にはいまだに外国のレッテルに弱いところがあります。

なぜでしょうか。それは日本人の貪欲《どんよく》さの裏返しではないかと考えています。「とにかく世界中の一級品を身につけてみたい、使ってみたい、食べてみたい」そんな貪欲な国民性に応えて、世界から一級のクオリティを持つものを集めてきているように思えます。

もしそうだとしたら、渋沢はどう思うのかはわかりませんが、少なくとも、今を生きる私たちに「意気地なし」とは言わないような気がします。

◆模倣＋アレンジ＝発明

また渋沢は、「模倣時代に別れよ」とも言っています。近代化の過程においては、模倣も必要だったにせよ、そろそろ〈自発自得の域〉、つまり自力でオリジナルを開発できる領域に入るべきだとしています。

渋沢に楯突《たてつ》くつもりはありませんが、「模倣」自体は悪いことではないと、私は考えています。よくないのは、模倣が模倣に終わってしまうことでしょう。

じゃあ、次の段階が「発明」かというと、それはちょっと飛びすぎ。間にワンクッション、「アレンジ」というものがあると思うのです。

すばらしい発明があったとします。でもまったくのオリジナルかというと、そうでもない。たいていの場合、元をたどると「あ、これをアレンジしたのね」というものに突き当たります。

和歌では、「本歌取り」といって、アレンジが当たり前です。元歌もいいし、それをアレンジした新しい歌もいい。似ているけど、別の魅力がある。となれば、アレンジから発明が生まれたと言ってもいいでしょう。

家電なども、元の製品があって、それを技術力でアレンジして小型化したり、新しい機能を付加したりする例がいくらでもあります。

つまりアレンジ力は、「創造力」と同列にあるものなのです。そうとらえると、新しいものを発明するために、どんなアイデアを出せばいいか、そのハードルがずいぶん低くなるのではないでしょうか。

「ただマネするだけではダメだよ。アレンジを加えて新しいものを創りなさい」

それが渋沢のメッセージだととらえていただきたいところです。

45

時間感覚を磨け

我々《われわれ》が時間《じかん》を空費《くうひ》してるのは、
ちょうど物《もの》を製作《せいさく》する場合《ばあい》に
手《て》を空《むな》しくしてると同《おな》じことであるから、
これはお互《たが》いに注意《ちゅうい》して
人間《にんげん》を無駄《むだ》に使《つか》わぬはもちろんのこと、
我《わ》れ自身《じしん》をどうぞ無駄《むだ》に使《つか》わぬように心懸《こころが》けたいと思《おも》う。

この項目では、右の結論に行き着くまで、アメリカのフィラデルフィアでワナメーカーという人に接待されたときに感心した、彼の「時間の使い方」について仔細《しさい》に書かれています。

渋沢がフィラデルフィア入りしてからすぐに彼の店に来られるよう車を手配し、夕方六時前後に着いたらすぐに二時間ほどで店を案内。帰り際、翌日も会う約束をし、彼は時間どおりにホテルに現われ、正午まで会談。昼食は別々にとって、午後は教会の日曜学校や聖書研究会などに案内され、渋沢は各所で演説。翌日も会いたいと請《こ》われて、何とか時間をやりくりして再び彼の店で会談。ご馳走をできないかわりにと、土産にリンカーンの伝記とグラントの伝記その他をもらった……、とまぁ、こんなスケジュールだったようです。

このような接待を受けて、渋沢は次のように書いています。

> その切盛《きりもり》に一《ひと》つも無駄《むだ》がない。話《はなし》もまた適切《てきせつ》である。私《わたし》は実《じつ》に敬服《けいふく》した。時間《じかん》を無駄《むだ》に使《つか》わぬことかくのごとくなれば、例《れい》の能率《のうりつ》がいかにも増進《ぞうしん》するであろう。

いっさいムダのない切り盛りが、渋沢はよほどうれしかったのでしょう。自分自身も日ごろ、いろいろな段取りが悪くて周囲に迷惑をかけていることをも反省しています。

日本社会は精度が高いと言えますが、こと時間の観念については訓練が足りないのではないかと、私は常々感じています。

その一つの現われが、予定時間も決めずにだらだらと続く長い会議です。遅刻には非常にうるさくて、三分でも遅れようものなら、みんなに白い目で見られるほど。でも終わる時間に関しては、とてもルーズなのです。

たとえば会議やシンポジウムで、「一人三分くらいで説明してください」と言われると、最初の人がいきなり平気で五分、十分しゃべります。最初の人がそうだと、続く人たちもそのくらい話すほうがいいと思うのか、ほぼ全員が制限時間をオーバーします。

結局、押して押して、会議が時間どおり終わることはまずありません。最悪の場合、時間切れで発言できない人が出る場合さえあるのです。

こんなふうに時間をムダに使うのは、他人の時間を盗んでいるのと同じ。〝時間泥棒〟です。物を盗めば罪になるけれど、時間だと罪に問われないために、時間泥棒に対する罪の意識がないんでしょうね。

渋沢が言うように、時間を切り盛りすることは仕事の能率に関わることですから、日本人はもっと時間を大切にするべき。私はもう二十年以上前から、インタビューでも、会議、講演会などでも、自分がしゃべるときは常にストップウォッチを使っています。時間の観念を磨くのに、ストップウォッチほどいいツールはないと思っていま す。残念ながら、いろいろな方におすすめしているのに、誰もストップウォッチを使ってくれませんが。

私からのメッセージはこれ。

「お金を五千円でも盗んだら逮捕されるのに、人の時間を盗んだことが罪に問われないのは変だ。時間や仕事の手間に関する感性のない人は、そこに目を向けて反省してください」

46

親孝行な子になるかどうかは親しだい

確《たし》か私《わたし》の二十三《にじゅうさん》歳《さい》の時《とき》であったろうと思《おも》うが、父《ちち》は私《わたし》に向《む》かい「其許《そのもと》の十八《じゅうはっ》歳《さい》頃《ころ》からの様子《ようす》を観《み》ておると、どうも其許《そのもと》は私《わたし》と違《ちが》った所《ところ》がある。読書《どくしょ》をさしても能《よ》く読《よ》み、また何事《なにごと》にも悧発《りはつ》である。私《わたし》の思《おも》う所《ところ》から言《い》えば、永遠《いつ》までも其許《そのもと》を手許《てもと》に留《と》め置《お》いて、私《わたし》の通《とお》りにしたいのであるが、それではかえって其許《そのもと》を不孝《ふこう》の子《こ》にしてしまうから、私《わたし》は今後《こんご》其許《そのもと》を私《わたし》の思《おも》う通《とお》りのものにせず、其許《そのもと》の思《おも》うままにさせることにした」と申《もう》されたことがある。（中略）

孝行《こうこう》は親《おや》がさしてくれて初《はじ》めて子《こ》が出来《でき》るもので子《こ》が孝《こう》をするのでは無《な》く、親《おや》が子《こ》に孝《こう》をさせるのである。

渋沢の時代は、子が親の職業を継ぐことが「親孝行」とされていました。ところが渋沢の父親は進歩的と言いますか、息子に進む道を選ぶ自由を与えました。

その理由がふるっています。

「自分の思いどおりに息子を育てようと、いつまでも手許《てもと》に置いておいたら、息子を親不孝な子にしてしまう」と言うのです。

父はおそらく、栄一は才気煥発《かんぱつ》な子どもだから家業の器には収まらないと見抜いていたのでしょう。むりやり「家業を継げ」と言うと、反発して家を出てしまうかもしれない。そうすると「親不孝者」の評価を免れえない。それはかわいそうだから、最初から「家業を継がなくていいよ」と自由を与えてあげたのだと思います。

渋沢は自分でも〈その頃私は文字の力の上からいえば、不肖《ふしょう》ながら或《ある》いは既《すで》に父より上であったかも知れぬ〉と言っているので、かなり優秀な子どもだったようです。また、父が〈私に孝を強《し》ゆるが如《ごと》きことがあったとしたら、（中略）かえって父に反抗したりなぞして、不孝の子になってしまったかも知れぬ〉とも言っています。

余談ながら、渋沢は自分の子について、〈私の子女等は将来どうなるものか、もとより神ならぬ私の断言し得《う》る限りではないが、今の所では、とにかく、私と違った所がある。この方は、私と父とが違った違い方と反対で、いずれかと申せば劣る方である〉としているのは、ちょっとおもしろいところです。そこで結論。

ゆえに私《わたし》は子《こ》に孝《こう》をさせるのでは無《な》い。親《おや》が孝《こう》をさせるようにしてやるべきだという根本思想《こんぽんしそう》で子女等《しじょら》に臨《のぞ》み、子女等《しじょら》が総《すべ》て私《わたし》の思《おも》うようにならぬからとて、これを不孝《ふこう》の子《こ》だとは思《おも》わぬことにしておる。

いまは昔ほど、「親孝行しなさい」と言われませんが、親が子の進路に干渉しすぎるきらいがなきにしもあらず。それで親の思いどおりに子どもが育たないと、「親不孝だ」と非難する場合もあります。

渋沢に言わせれば、それは親が子どもに親不孝をするよう仕向けていることにほかなりません。子の能力を見きわめながら、やりたいことをやらせる方向で柔軟に対応すれば、親孝行な子になれるということです。

もっとも、あまり自由にさせると、ろくなことにならないケースもあります。自由放任教育がいいと言いきれない部分もあるので、親は子どもの将来に干渉するのではなく、適性を見いだすよう働きかけることも大切ですね。

また、長寿社会が進展している近年の問題として、「親の介護をしない子は親不孝だ」と断じる風潮が少なからずあります。

こういう見方はやめたほうがいいと思います。働き盛りの人が親の介護のために仕事を辞めなくてはならない状況に追いこまれるケースもけっこうあって、そこまでやるのが親孝行だとは一概に言えないと思うのです。

高齢者が子どもの世話にならずに暮らしていけるよう、社会のシステムを整備することのほうが大切ではないでしょうか。

47

「いまどきの若い者は」と言わない

一部《いちぶ》の人士《じんし》は、昔《むかし》の青年《せいねん》は意気《いき》もあり、抱負《ほうふ》もありて、今《いま》の青年《せいねん》より遙《はる》かに偉《えら》かった。今《いま》の青年《せいねん》は軽浮《けいふ》で元気《げんき》がないというが、一概《いちがい》にそうばかりも言《い》いえまいと思《おも》う。何《なん》となれば、昔《むかし》の少数《しょうすう》の偉《えら》い青年《せいねん》と現今《げんこん》の一般《いっぱん》青年《せいねん》とを比較《ひかく》し来《きた》りて、かれこれ言《い》うことは少《すこ》しく誤《あやま》っている。今《いま》の青年《せいねん》の中《なか》にも偉《えら》い者《もの》もあれば、昔《むかし》の青年《せいねん》にも偉《えら》くない者《もの》もあった。

「昔の青年はいまよりはるかに偉かったというけれど、それは昔の偉い青年と、いまのふつうの青年をくらべているだけでしょ。いまの青年のなかにも偉い人はいるのだから、くらべ方を間違えてはいけませんよ」

おっしゃるとおり。一般論で言いたいのなら、昔の一般の青年といまの一般の青年をくらべないと、不公平というものです。

孔子も「後生《こうせい》畏《おそ》るべし」と言っています。「後から世に出てくる若い人を見くびってはいけない」ということです。

考えてみれば、いまの時代の若者たちはよく「元気がない」などと言われますが、そんなことはまったくないですね。スポーツ界には、ボクシングの井上尚弥《なおや》選手、野球の大谷翔平《しょうへい》選手、フィギュアスケートの羽生《はにゅう》結弦《ゆづる》選手、卓球の伊藤美誠《みま》選手、バドミントンの高橋・松友ペア、陸上のサニブラウン選手、サッカーの久保建英《たけふさ》選手。ほかにも将棋の藤井聡太《そうた》棋士はじめ、さまざまな世界で若手の台頭が目立ちます。

彼らは昔のすごい若者たちとくらべても、勝《まさ》りこそすれ劣らない実力の持ち主です。軽々しく「いまどきの若者は」なんて言わないよう注意しましょう。

48

目指せ、男女総活躍社会

言《い》う迄《まで》もなく女子《じょし》も社会《しゃかい》の一員《いちいん》、国家《こっか》の一分子《いちぶんし》である。
果《はた》してしからば女子《じょし》に対《たい》する旧来《きゅうらい》の侮蔑的《ぶべつてき》観念《かんねん》を除却《じょきゃく》し、
女子《じょし》も男子《だんし》同様《どうよう》国民《こくみん》としての才能《さいのう》智徳《ちとく》を与《あた》え、
倶《とも》に共《とも》に相助《あいたす》けて事《こと》を為《な》さしめたならば、
従来《じゅうらい》五千万《ごせんまん》の国民中《こくみんちゅう》二千五百万人《にせんごひゃくまんにん》しか用《よう》をなさなかった者《もの》が、
さらに二千五百万人《にせんごひゃくまんにん》を活用《かつよう》せしめる事《こと》となるでは無《な》いか。
これ大《おお》いに婦人《ふじん》教育《きょういく》を興《おこ》さねばならぬという根源論《こんげんろん》である。

ここの一番の眼目は、「女性に対する差別を排除し、教育を通して男性と同等の国民としての才能智徳を与えなさい」ということ。そうすれば男女あわせて五千万人の国民全員が活躍できるようになると言っています。安倍総理の言う「一億総活躍社会」のようなものでしょうか。

いま、これを読むと「当たり前じゃないか」と思うかもしれませんが、渋沢の時代だと相当進んだ考え方です。なにしろ女性が選挙権を得たのは戦後です。それ以前の社会には女子と男子の教育には差がありました。

渋沢が指摘しているように、江戸時代の女子教育の教科書とされていたのは、貝原《かいばら》益軒《えきけん》の『女大学《おんなだいがく》』でした。これはもっぱら自己を慎《つつし》むことに重きが置かれ、学問的な教育はそっちのけだったのです。

これに関しては、福沢諭吉も徹底的に批判していました。『女大学評論』という本のなかで、福沢はこんなことを言っています。

「舅《しゅうと》・姑《しゅうとめ》に従順に仕えない、子どもができない、淫乱である、嫉妬《しっと》深い、悪い病気がある、おしゃべりである、盗み癖がある……、これら『七去《しちきょ》』は夫が妻を離縁できる理由とされているが、これなんかは男が自分の好きなように、いつでも妻を離縁できるようにしただけのもの。女性の自由を奪い、縮こまらせることになる。『女大学』の趣意をとなえて、それでわがまま放題にする男性が多い」

福沢はまた、『日本婦人論』のなかで、『女大学』の一節を、男と女を入れ替えて読んでみるというおもしろいことを試みています。

「男は嫉妬《しっと》の心努《ゆめ》〱《ゆめ》発《おこ》すべからず。女淫乱ならば諫《いさ》むべし。怒怨《いかりうら》むべからず。妬《ねたみ》甚《はなはだ》しければ其気色《そのけしき》言葉も恐《おそろ》しく冷《すさま》じくして、却《かえっ》て婦人に疎《うと》まれ、見限らるゝものなり。若《もし》婦人に不義過《あやまち》あらば、我色《わがいろ》を和《やわ》らげ声を雅《やわ》らかにして諫むべし。諫《いさめ》を聴《き》かずして怒《いか》らば、先《ま》づ暫《しばら》く止《や》めて、後《のち》に婦人の心和《やわ》らぎたるとき、復《また》諫むべし。必ず気色を暴《あら》くし、声をいらゝげて婦人に逆《さから》ひ叛《そむく》ことなかれ」

どうでしょう？　もし男性がここにあるように、「妻が浮気をしても怒ったり、うらんだりしてはいけない。あまり嫉妬深いとかえって疎まれる。もし妻が不義をしても、穏やかにやさしい声で注意をするにとどめ、決して妻の機嫌を損ねないように」などと言われたら、なかなか受け入れられませんね。

立場を変えて考えれば、女性がどれほど差別されていたかが身にしみてわかるというものです。いまはさすがにそんな時代の名残もありません。教育はほぼ男女平等になっていると思います。

昔は学生がほぼ男性で占められていた東大も、女性が非常に増えています。かつて「女の子は東大に行くほど勉強しなくていい」と言われ、成績のいい女性も東大を受験しなかったケースも多くありました。隔世の感がありますね。

最近は男性よりむしろ女性のほうが成績が優秀なくらいです。

先般、医大で女子を差別する不公正な入試を行っていたことが大問題になりました。もちろん入試はフェアでなければなりませんが、現実問題として男性医師が戦力として必要という、医療現場側のいろいろな事情があって、難しい問題のようです。

男女差別があってはならないけれど、男性が差別される側となる〝逆差別問題〟も浮上してきました。成人無職の女性より、成人無職の男性への風当たりのほうが強いのが現実です。今後の課題と受けとめる必要がありそうです。

49

真の親孝行とは

孝行《こうこう》をしようとしての孝行《こうこう》は真実《しんじつ》の孝行《こうこう》とは言《い》われぬ。
孝行《こうこう》ならぬ孝行《こうこう》が真実《しんじつ》の孝行《こうこう》である。（中略）母《はは》は子息《むすこ》が
山仕事《やましごと》から帰《かえ》って来《く》るのを見《み》れば、定《さだ》めし疲《つか》れてることだろうと思《おも》い、
さぞ疲《つか》れたろう、と親切《しんせつ》に優《やさ》しくして下《くだ》さるので、
その親切《しんせつ》を無《む》にせぬようにと、足《あし》を揉《も》んで貰《もら》い、
また客人《きゃくじん》を饗応《きょうおう》すについては、定《さだ》めし不行届《ふゆきとどき》で息子《むすこ》が不満足《ふまんぞく》だろう
と思《おも》って下《くだ》さるものと察《さっ》するから、その親切《しんせつ》を無《む》にせぬため、
御飯《ごはん》や御汁《おしる》の小言《こごと》までも言《い》ったりするのである。
何《なん》でも自然《しぜん》のままに任《まか》せて、母《はは》の思《おも》い通《どお》りにして貰《もら》うところが、
或《ある》いは世間《せけん》に、私《わたし》を孝子孝子《こうしこうし》と言《い》い囃《はや》して下《くだ》さる所以《ゆえん》であろうか。

ここは、江戸時代の『道二翁道話《どうにおうどうわ》』という本から引用したくだりです。道二翁とは、石門心学《せきもんしんがく》という平民のために平易で実践的な道徳教の普及に努めた中沢道二。渋沢の記憶では「孝子修行」というタイトルの話がおもしろかったと言います。

その話は、近江国《おうみのくに》の有名な孝子《こうし》（孝行息子）が、信濃国《しなののくに》にやはり有名な孝子がいると聞いて、孝行修行のために信濃の孝子を訪ねるというものです。ところが自分の孝子イメージとは違ったようです。

山仕事から帰ってきた信濃の孝子は、老いた母親に向かって、足を洗えだの、疲れたから足を揉めだのと言い、食事のときには汁がからいの、米の炊き加減がよくないのと文句ばかり。それでも老母はイヤな顔ひとつせず、かいがいしく息子の世話をしていました。それを見て「君は親孝行なんかじゃない」と責めた近江の孝子に、信濃の孝子が答えたのが、右の言葉です。要約すると、

「本当の親孝行というのは、孝行をしようとしてするものではない。親のやりたいようにさせてやることが、孝行ならぬ孝行である。老いた母は私のためを思って、いろいろやさしくしてくださるのだから、その親切に報いるのが親孝行だ」

言われてみれば、それもそうだと思いませんか？　近江の孝子もハッとさせられ、「孝行の大本《おおもと》は、何事も強いて無理をせず、自然のままに任せるところにある。自分には、まだまだ到らぬ点があった」と気づいたようです。

子は「親の手助けをする」より、親の本当の望みを察して、ときには面倒をみてもらうことが親孝行でもあるのです。

◆人の親切には甘えるもの

親孝行だけではなく、誰かが自分のために何か世話したいと思う気持ちを察してあげることが大切です。

たとえば会社で、部下が「課長はきっと苦手だろうな。手伝ってあげよう」という親切心から、「課長、この業務に便利なソフト、ありますよ。インストールして、使い方を教えましょうか」と言ってきたら、素直にお願いする。たとえ「教わらなくてもできるよ」と思うことでも、断ってはダメです。「ありがとね。頼むよ」と部下に花を持たせることで、部下はちょっと活躍できたようで自信を持てるのです。

あるいは知り合いから、ちょっとした手づくりのものをもらったとします。「そんなの、いらないんだけどなぁ」と思っても、もらってあげるのが親切です。

ほかにも、どこかを訪問してお茶やお菓子が出たら、ほしくなくても口をつけることをおすすめします。けっこう、遠慮して手もつけない方がおられますが、用意した人にしてみれば、それほどガッカリすることはありません。私も講演会などでお茶やお菓子のおもてなしを受けるときは喜んでいただいて、「おいしいですね。気持ちが上がりました。講演会もうまくいきそうです」などと言うようにしています。

人間関係をスムーズにするためにも、人の親切心をしっかり受けとめるのも礼儀です。

50

運は開拓するもの

よく世人《せじん》が口癖《くちぐせ》のように運《うん》の善悪《ぜんあく》ということを説《と》くが、そも人生《じんせい》の運《うん》というものは十中《じっちゅう》の一二《いちに》、或《あ》るいは予定《よてい》があるかも知《し》れぬ。しかしながらたとえこれが予定《よてい》なりとして見《み》たところが、自《みずか》ら努力《どりょく》して運《うん》なるものを開拓《かいたく》せねば、けっしてこれを把持《はじ》するということは不可能《ふかのう》である。愉快《ゆかい》に事務《じむ》を執《と》りつつ一方《いっぽう》に大《だい》なる災厄《さいやく》を招致《しょうち》すると、そのはじめただに天淵《てんえん》のみであるまい。諸氏《しょし》もまた必《かなら》ずその一方《いっぽう》を捨《す》てて他《た》の一方《いっぽう》を把持《はじ》せられんことを熱望《ねつぼう》せらるるであろう。

渋沢の時代の人と同様、いまの人もよく「運がいい」とか「運が悪い」といった言い方をします。

けれども言うまでもなく、人生や仕事がすべて「運」に支配されているわけではありません。それではあたかも、「何事も幸・不幸のめぐりあわせで決まる」と信じているようなものですからね。

もちろん表面的には、「運がよかったなぁ」と思えること、逆に「運が悪かった」としか言いようのないことがあります。でも運がいいときも悪いときも、そう長続きはしません。

「本当にいい運をしっかりとつかみたかったら、自ら努力して運を切り拓《ひら》いていかなくてはいけない」

とは渋沢の弁。運をあまり当てにするなということでしょう。

ですから、うまくいっているからといって有頂天になってもダメだし、調子のいい人を見て「運がいいな。うらやましいなぁ」と思ってもいけません。自分がうまくいかなくとも、落ちこまなくてもいい。

長い目で見れば、だいたいにおいて、運・不運の配分は帳尻が合うもの。そんなふうに考えるくらいでちょうどいいでしょう。

この項で渋沢はもう一つ、いまで言う「自己責任」について、次のように述べています。ここも音読するのにいいくだりです。

本院《ほんいん》（東京市養育院）には、現《げん》に（大正四年一月）二千五六百人《にせんごろっぴゃくにん》の窮民《きゅうみん》が収容《しゅうよう》してある。その中《なか》には除外例《じょがいれい》として、善因《ぜんいん》かえって悪果《あっか》を結《むす》びて窮民《きゅうみん》たり、行旅病人《こうりょびょうにん》たるものなきにあらざれども、その多《おお》くはいわゆる自業自得《じごうじとく》の輩《やから》である。しかしながら彼《かれ》らの自業自得《じごうじとく》の者《もの》なりとして、同情《どうじょう》をもって臨《のぞ》まぬは甚《はなは》だよろしくない。それ吾人《ごじん》の須臾《しゅゆ》も離《はな》るべからざる人道《じんどう》なるものは一《いち》に忠恕《ちゅうじょ》に存《そん》するものであるから、いずれもその職務《しょくむ》に忠実《ちゅうじつ》にして、しかしてかつ仁愛《じんあい》の念《ねん》に富《と》まねばならぬ。余《よ》はあえて彼《かれ》らをあくまで優遇《ゆうぐう》せよとは言《い》わぬが、これに臨《のぞ》むに常《つね》に憐愍《れんびん》の情《じょう》を欠《か》いてはならぬというのである。

「東京市養育院に貧しい人が二千五、六百人収容されていて、多くは『自業自得の輩』と誹《そし》られてもしょうがない部分はあるが、同情してあげてもいいんじゃないか」というのが渋沢の考え。論語で大切にせよと説かれている「忠恕」、つまり思いやりの心を持つことが、人としての道理だとしています。

昨今もたとえば「二百万円の年収しかないと文句を言うが、自己責任ではないか」というような論調があります。それはあまりにも冷たすぎます。

「就職がうまくいかず、中途採用もかなわず、非正規雇用で働くしかなくて、這《は》いあがるのも難しい人たちに向かって、自己責任論をぶつけるのはおかしいのでは？ 社会システムに問題はないの？」

というふうに考える必要もあるでしょう。

すべてを自己責任で切り捨てるのはあんまりです。渋沢なら「忠恕の心に欠けている」と苦い顔をすると思います。とくに次の言葉を噛《か》みしめてください。

自業自得《じごうじとく》の者《もの》なりとして、同情《どうじょう》をもって臨《のぞ》まぬは甚《はなは》だよろしくない。

51

成功も失敗も人生の残りかすのようなもの

道《どう》理《り》は天《てん》における日月《じつげつ》のごとく、
終始《しゅうし》昭々乎《しょうしょうこ》として毫《ごう》も昧《くら》まさざるものであるから、
道《どう》理《り》に伴《ともな》って事《こと》をなす者《もの》は必《かなら》ず栄《さか》え、
道《どう》理《り》に悖《もと》って事《こと》を計《はか》る者《もの》は必《かなら》ず亡《ほろ》ぶる事《こと》と想《おも》う。
一時《いっとき》の成敗《せいはい》は長《なが》い人生《じんせい》、
価値《かち》の多《おお》い生涯《しょうがい》に於《お》ける泡沫《ほうまつ》のごときものである。

渋沢は誰が見ても、成功した実業家でしょう。ところが本人は、「成功しようが、失敗しようがどうでもいい」というような感覚の持ち主でした。この項の最後で、

いやしくも事《こと》の成敗《せいはい》以外《いがい》に超然《ちょうぜん》として立《た》ち、道理《どうり》に則《のっと》って一身《いっしん》を終始《しゅうし》するならば、成功失敗《せいこうしっぱい》のごときは愚《おろ》か、それ以上《いじょう》に価値《かち》ある生涯《しょうがい》を送《おく》ることが出来《でき》るのである。いわんや成功《せいこう》は人《ひと》たるの務《つとめ》を完《まっと》うしたるより生《しょう》ずる糟粕《そうはく》たるにおいては、なおさら意《い》に介《かい》するに足《た》らぬではないか。

とまで言っています。成功も失敗も同じように、人生を生きた残りかすのようなものだというのです。この思い切りようはすごいですね。

そんな渋沢にとって最も大事なのは、道理を踏んで生きること。世俗的な価値観の外に超然と立っている感じがします。

実際、何が成功で、何が失敗かは誰にも決められません。また、どういう人生に価値があり、どういう人生に価値がないのかも、誰にも決められません。

人生をそういう物差しではかろうとすること自体にムリがあるような気がします。

たとえば知り合いに、賭《か》け事が好きで、失敗して家を取られ、あげくの果てに四十代、若くして亡くなってしまった人がいました。

一見、「人生の失敗者」に見えるかもしれません。

でもその人は、大の子ども好き。夏になると、子どもたちをプールに連れていってくれたり、寒い日に落ち葉をかき集めて焚《た》き火をし、その火でつくった焼き芋《いも》を子どもたちにふるまったり。とにかくよく遊んであげる、やさしい人でした。

子どもたちにとっても、近所のみなさんにとっても、その人は非常に価値のある人だったわけです。

仕事で成功したって、子どもたちと遊んであげない大人はたくさんいるのですから、人の人生の価値というのは本当に決めにくいのです。

◆「好き」を数えあげよう

私は、「自分は価値のある人間だろうか？」という問いだけは、自分で自分に対して絶対に発してはいけないと考えています。

なぜなら「ない」という答えを自分で導きだす危険があるからです。正解なんてないのに、「価値のない人間」と決めつけると、生きていけなくなる危険があります。

おすすめしたいのは、自分が好きなものを書きだしてみることです。「偏愛マップ」と私は呼んでいます。ほんの些細《ささい》なことでいいのです。「サッカーが好き」「お笑いが好き」「ゲームが好き」「サスペンス小説を読むのが好き」「歌舞伎が好き」「映画が好き」「お酒が好き」「肉が好き」「ジャズが好き」……、この程度の「好き」なら、いくらでも書きだせますね。

この作業をしているうちに、たぶん自分の生きる価値を見いだそうとする危険な気持ちはなくなると思います。「人生、楽しいことだらけ」となること請け合いです。「この世は生きている価値がある」と思えてきます。

そうやってゴキゲンな人生を歩んでいけば、一生を終えた後の残りかすも芳醇《ほうじゅん》な香りを放つのではないかと思います。

おわりに

新一万円札の顔になる渋沢栄一の著書『論語と算盤』、エッセンスをご堪能いただけたでしょうか。

解説を読みつつ一とおり音読することで、〝生身の渋沢〟を感じることができたのではないかと思います。

また渋沢がどんな人物かよく知らなかった人も、お財布にするりと一万円札を入れるように、その存在をぐっと身近に感じられたでしょう。

では本書が現代に引き寄せて解説した「渋沢の精神」から、みなさんは何を学び、今後の人生や仕事にどう生かしていこうと考えたでしょうか。

「私たち一人ひとりが、ズルをしない、ウソをつかないことを肝に銘じて行動しなくてはいけないな。SNSの発達を社会のガラス張り化の追い風ととらえて、みんなが公明正大になれば、自《おの》ずと渋沢の目指した公正な社会が形成されるはず。正直者を通すのが一番だ」

「現代人には渋沢のような国を思う視点が抜け落ちているかもしれない。自分のことばかり考えず、国へ、ひいては世界へと視野を広げて物事を考えてみよう」

「公と私でいうと、必ず公を優先させたのが渋沢だよね。微力かもしれないけれど、自分も渋沢の『国民の幸福の絶対量を増やしたい』という思いを受け継ぐ者として、できることをやっていこう」

「自分がされたらイヤだなと思うことをしない、それが相手の立場に立って物事を考えることなんだな。シンプルだけど実践が難しいこの孔子の教えを渋沢が信奉したように、自分もわが身を律する法としよう」

「国の土台は経済。精神の土台は論語。この二つの土台をしっかりさせることが、個人と社会を豊かにしていくことにつながるんだよね。渋沢の言葉はある意味、格差社会とかビジネス界の弱肉強食化など、現代が抱える問題への警鐘とも取れる。真摯《しんし》に受けとめなくちゃいけないな」

　などなど、さまざまなことを考えさせられたことだろうと推察します。

一読して気づかれたと思いますが、渋沢が『論語と算盤』を通して伝えた言葉の数々は、どれも現代に通じるものばかりです。とても百年近くの時を経《へ》たとは思えない先進性すら感じられます。

それはなぜか。

どんな時代にも揺るがない不変の真理に貫かれているからです。

もっとも渋沢が〝ビジネス・人生の経典〟とした論語自体が「真理の書」ですからね。二千五百年前に書かれた論語の言葉がいまなお一向に古びることのない教えであるのと同様、渋沢の言葉もその輝きが衰えることはないのです。

だからこそ私は、いまという時代に渋沢がお札《さつ》の顔として登場することを、大変うれしく思っています。

みなさんには本書を何度も音読して渋沢の言葉を自分自身の身体に刻みこむと同時に、時には子や孫に読み聞かせ、あるいはいっしょに音読し、渋沢の精神を伝えていただきたい。

さらに欲を言えば、これを機会にぜひ、渋沢がくり返し熟読した愛読書・論語を読んでみてください。目が洗われるような感動を覚えることと思います。

今後は、渋沢栄一が一万円札を通して日本という国と国民を見守りつつ、道を過《あやま》たずに進むためのアイコンのように機能してくれることでしょう。私たちも一万円札同様、いやそれ以上に渋沢を愛し、世のため人のため、いい人生を歩んでいこうではありませんか。

二〇一九年七月

齋藤　孝

写真協力　渋沢栄一記念財団　渋沢史料館
編集協力　千葉潤子
本文デザイン　坂川栄治＋鳴田小夜子（坂川事務所）
本文ＤＴＰ　小松幸枝（編集室エス）
校正　櫻井健司（コトノハ）
販売　酒井謙次
宣伝　安田征克
統括マネージャー　岡布由子

◉著者プロフィール

齋藤 孝（さいとう・たかし）

1960年静岡県生まれ。東京大学法学部卒業。同大学大学院教育学研究科博士課程を経て、現在は明治大学文学部教授。専攻は教育学、身体論、コミュニケーション技法。著書にシリーズ260万部超を記録し、毎日出版文化賞特別賞を受賞した『声に出して読みたい日本語』（草思社）、『語彙力こそが教養である』（角川新書）、『自分で考えて行動しよう！こども論語とそろばん』（筑摩書房）、『渋沢栄一とフランクリン』（致知出版社）、『「論語」を生かす私の方法―渋沢栄一「論語講義」』（渋沢栄一著、齋藤孝翻訳／イースト・プレス）他多数。著書累計出版部数は1000万部を超える。NHK教育テレビ『にほんごであそぼ』の総合指導もつとめる。

声に出して読む
渋沢栄一「論語と算盤」

悟空出版

二〇一九年七月二十六日　初版第一刷発行

著者　齋藤 孝
編集人　小松卓郎
発行者　佐藤幸一
発行所　株式会社悟空出版
〒一六〇-〇〇二二 東京都新宿区新宿二-三-一一
電話 編集・販売：〇三-五三六九-四〇六三
ホームページhttps://www.goku-books.jp/
装幀　坂川栄治＋鳴田小夜子（坂川事務所）
印刷・製本　中央精版印刷株式会社

Printed in Japan ISBN 978-4-908117-66-4